Hannah Stockhammer
Patschlachenphilosophien

AF210757

Hannah Stockhammer

Patschlachenphilosophien

Gedichte & Texte

Schau vorbei:
Website: www.wunderlauschen.home.blog
Instagram: @wunderlauschen
Facebook: @wunderlauschen

Impressum

Bibliografische Information der Deutschen Nationalbibliothek:
Die Deutsche Nationalbibliothek verzeichnet diese Publikation in
der Deutschen Nationalbibliografie; detaillierte bibliografische
Daten sind im Internet über http://dnb.dnb.de abrufbar.

© 2023 Hannah Stockhammer

Gastbeitrag „Wenn das Schweigen laut wird!" (S. 42):
Lina Stockhammer
Umschlagillustration/Kalligraphie: Michèle Greiner
Lektorat: Michael Busse-Roth

Herstellung und Verlag: BoD – Books on Demand, Norderstedt

ISBN: 978-3-7583-0191-9

Für Norbert,
auch wenn du das Buch nicht mehr lesen kannst.
Danke für den wertvollen Austausch und ganz viele
Perspektivenwechsel auf der Suche nach dem „good in
the bad".

Für Lina, meine Lieblingsschwester,
weil du so unglaublich mutig bist.

Für mich,
weil ich darf.

Patschlachenphilosophien

Die Patschlache spiegelt,
zeigt alles genauso,
nur andersrum.

Vielleicht ist im Spiegelbild der Patschlache
ja noch alles in Ordnung,
denn es ist ja eine umgekehrte Welt.

Die Realität auf den Kopf gestellt,
ein Perspektivwechsel
für alle Realitätsflüchtlinge.

Denn manchmal ist die echte Welt zu viel,
dann hilft ein neuer Blickwinkel,
vielleicht auch aus einer Patschlache.

Wer hat mehr Mut

–

deine Angst oder du?

Einfach sein

Auf den Weg machen
Einfach loslaufen
Angst loslassen
Hoffnung suchen
Veränderung zulassen
Neues wagen
Nach den Sternen greifen
Licht in Jemandes Dunkelheit bringen
Dinge geschehen lassen
Hinfallen
Immer wieder aufstehen
Nicht aufgeben
Jemanden umarmen
Etwas ausprobieren
Kleine Momente genießen
Das Leben annehmen

Einfach sein

Perspektivenwechsel

Die immer gleiche Perspektive.
Stur geradeaus starren,
statt Himmelgenießer eher Bodengucker,
wie mit Scheuklappen ausgestattet bemerken wir
vieles gar nicht.

Die immer gleiche Perspektive.
Kein Umschauen in andere Richtungen,
kein rechtsherum, kein linksherum, kein rundherum.
Die freudebringenden kleinen Dinge bemerkt man
nicht.

Die immer gleiche Perspektive.
Besonderes wird gar nicht wahrgenommen,
für Kleinigkeiten zu viele Eiligkeiten,
die den Blick limitieren für scheinbar Wichtiges.

Das hübsche kleine Gänseblümchen,
das aus einer Lücke im Asphalt wächst,
wird gar nicht bemerkt.
Jeder trampelt drüber,
aber es steht da immer noch und wächst.

Die Frau an der Ecke,
die einfach nur freundlich lächelt,
bemerkt auch keiner.
Kaum einer lächelt zurück,
aber sie lächelt trotzdem weiter, weil sie weiß, dass es
heute vielleicht jemand braucht.

Die Wolken am Himmel,
die nur ein kleines Loch für die Sonne lassen, wo sie
aber umso schöner durchstrahlt,
sieht auch niemand.
Jeder nörgelt nur über die Wolken,
aber die Sonne hat sich genau diese kleine Lücke
gesucht, um durchzuscheinen.

Die fleißige Biene,
die fast vollständig in einer Blüte steckt, während nur
ihr kleiner pelziger Hintern rausschaut,
wird ebenfalls übersehen.
Jeder rumpelt beim Vorbeigehen an die Blüte,
aber die Biene stört sich nicht an dem Wackeln und
sammelt weiter ihren Blütenstaub.

Der kleine Junge,
der auf dem Boden eine Münze findet und sich so sehr
darüber freut,
fällt auch niemandem auf.
Eine schimpft, als sie fast über ihn stolpert, als er sich
bückt,
aber er zeigt ihr stolz seinen wertvollen Schatz und
strahlt sie an.

Die Patschlache am Boden,
in der sich gerade perfekt der Himmel spiegelt,
sieht keiner.
Manche treten fast hinein und können schimpfend nur
knapp ausweichen,
aber eigentlich ist in dieser Patschlache gerade ein
Stück Himmel auf den Boden gekommen.

Vor lauter Hektik schauen wir nur noch nach vorne.
Aus lauter Angst, etwas zu verpassen, schauen wir uns
gar nicht mehr um.
Vor lauter Stress bleibt keine Zeit, sich Zeit zu
nehmen.

Eine neue Perspektive.
Einmal die Augen verdrehen,
Rundumgucker statt Bodengucker,
wie mit einer Zauberbrille siehst du auf einmal viel
mehr.

Eine neue Perspektive.
Ein bisschen auf dem Stuhl herumrutschen und recken,
ein rechter Rutsch, ein linker Rutsch, ein Am-
Vordermann-Vorbeilinsen.
Wie viel größer deine kleine Sitzplatzwelt auf einmal
wird.

Eine neue Perspektive.
Mal Zeit nehmen, sich umzuschauen,
für Kleinigkeiten viele Möglichkeiten,
die den Blick öffnen für wirklich Wichtiges.

Lasst uns die Augen öffnen, die Augen verdrehen, die
Welt mit neuen Augen sehen.
Lasst uns den Kopf wenden, den Kopf zur Seite neigen,
den Blickwinkel verändern.
Lasst uns unruhig sitzen, unsere Position ständig
verändern, neue Perspektiven entdecken.

Lasst uns in die Hocke gehen, in die Höhe springen,
Kinderperspektiven einnehmen.
Lasst uns ein Rad schlagen, einen Kopfstand machen,
die Welt kopfüber und in Drehung sehen.
Lasst uns auf Leitern steigen, in Baumhäuser klettern,
die Aussicht von oben genießen.

Lasst uns den Weg entlanghüpfen, durch die
riesighohe Wiese rennen, die Welt in Bewegung
erleben.
Lasst uns uns in andere hineinversetzen, aus neuen
Ecken denken, unsere Gefühlswelt erweitern.
Lasst uns unsere Welt entdecken, neue Welten
besuchen, Weltenabenteuer erleben.

Lasst uns die Gänseblümchen bemerken, das Lächeln
zurückgeben, die Sonne in den Wolken suchen.
Lasst uns die Biene beobachten, uns mit dem Jungen
über seinen Schatz freuen, den Himmel in einer
Patschlache finden.
Lasst uns Blickwinkel ändern, neue Perspektiven
suchen und ganz neu sehen lernen.

Denn das Gefühl, vor einer Wand zu stehen,
hält nur so lange an, wie du stehst.
Drehst du dich um und gehst weiter,
stehen dir alle Wege offen.

Das Gefühl, irgendwo festzustecken,
hält nur so lange an, wie du bewegungslos verharrst.
Strampelst du etwas und wagst einen
Befreiungsversuch,
bist du völlig frei.

Das Gefühl, den Kopf in den Sand stecken zu wollen,
hält nur so lange an, wie du kopfüber bist.
Richtest du dich auf und schaust nach oben,
geht dein Blick in die Sterne.

Das Gefühl, im Regen stehengelassen worden zu sein,
hält nur so lange an, wie du stehen bleibst.
Gehst du los und tanzt im Regen,
kann dir keiner mehr etwas anhaben.

Das Gefühl, dass das das Ende der Welt ist,
hält nur so lange an, bis du neu anfängst.
Suchst du dir einen neuen Startpunkt und gehst
einfach los,
kann dich keiner aufhalten.

Das Gefühl, dass alles stillsteht,
hält nur so lange an, bis du wieder zu atmen anfängst.
Holst du tief Luft und bewegst dich wieder,
gerät auch alles um dich herum wieder in Bewegung.

Das Gefühl, im Stress oder in den Gedanken
unterzugehen,
hält nur so lange an, bis du anfängst zu schwimmen.
Legst du mit den passenden Bewegungen los und
kämpfst dich wieder nach oben,
kannst du ans Ufer schwimmen und Luft holen.

Denn egal, welches Gefühl du hast
und wie sehr es dich belastet,
oft reicht ein Perspektivwechsel,
um zumindest einen kurzzeitigen Ausweg zu finden.

Erlaube dir das Gefühl, mutig zu sein,
denk um und sortiere dich neu.
Schau dir deine Situation von allen Seiten an
und such dir die aus, die dir am besten gefällt.

Das Spiel

Ein Spiel
mit der Kontrolle als Mitspieler
gemeinsam gegen die Angst

Aber was steht auf dem Spiel?
Was ist der Gewinn?
Was habe ich alles zu verlieren?

Immer wieder
ein Stückchen weiter auf die Angst zu
die Kontrolle auf meiner Seite

Wo ist die Grenze?
Wie weit kann ich gehen?
Wann geht es zu weit?

Die Angst
weicht aber nicht zurück
ist unnachgiebig

Wie lange hält sie mich zurück?
Wie viel Macht hat sie über mich?
Wird sie ihre Wirkung irgendwann verlieren?

Ich bin sicher
solange die Kontrolle auf meiner Seite ist
und die Angst sich nicht bewegt

Wie lange geht das gut?
Wann hält die Angst mich nicht mehr zurück?
Wird die Kontrolle bei mir bleiben?

Aber vielleicht
ist es besser wenn die Kontrolle aus dem Spiel
aussteigt
und die Angst als Grenze wieder näher kommt

Denn was passiert, wenn ich gewinne?
Wer bin ich dann?
Will ich das wirklich?

Paranoia im Konjunktiv

Könnte, sollte, wäre
Möglicherweise, unter Umständen, vielleicht

Was könnte nicht alles passieren, wenn…
Was sollten wir nicht alles machen, wenn…
Was wäre nicht ganz anders, wenn…

Möglicherweise könnten wir…
Unter Umständen sollten wir…
Vielleicht wäre…

Aber lieber nicht,
denn wir könnten, sollten, es wäre
möglicherweise, unter Umständen, vielleicht …

Aufstehen

Aufstehen
mich hochkämpfen
meine ganze Kraft zusammennehmen
mich aufrichten

Aufstehen
um weiterzukämpfen
um es den anderen zu zeigen
um nicht schwach zu wirken

Aufstehen
für mich
für die anderen
für das was mir wichtig ist

Aufstehen
weil Liegenbleiben keine Option ist
weil ich am Boden nicht auf Augenhöhe mit jemandem
sein kann
weil ich im Stehen einen besseren Überblick hat

Aufstehen
wenn ich wieder genug Kraft gesammelt habe
wenn alle denken dass ich aufgebe
wenn die Hoffnung mir aufhilft

Ein Mantel

Ein Mantel
Der mich einhüllt
Sich um mich legt
Mich zudeckt

Groß
Schwer
Dunkel

Ein Mantel
Der sich um mich wickelt
Immer enger wird
Mich fast erstickt

Groß
Schwer
Dunkel

Ein Mantel
Der mir die Luft nimmt
Der mir das Licht nimmt
Der mir die Hoffnung nimmt

Groß
Schwer
Dunkel

fliegen

ich war eine raupe
habe alles in mich aufgenommen
bin gewachsen
habe mich verpuppt
habe mich entwickelt

jetzt bin ich so weit
ich sehne mich nach dem licht
ich schäle mich aus dem kokon
breite die flügel aus
und ich fliege

Ein dunkler Tropfen

Es beginnt mit einem dunklen Tropfen
Er fällt
Er landet
Er verteilt sich
Er verzweigt sich
Er fließt in feinen Adern auseinander
Er breitet sich aus
Er füllt jede Ecke
Er lässt nichts aus
Er verbreitet Dunkelheit

Es beginnt mit einem dunklen Tropfen
Wenn er fällt, passiert das still
Wo er landet, beginnt etwas
Wenn er sich verteilt, beginnt die Dunkelheit
Wo er sich verzweigt, nimmt er noch mehr ein
Wenn er in feinen Adern auseinander fließt, dringt er
überall ein
Wo er sich ausbreitet, ist kein mehr Platz für Licht
Wenn er jede Ecke füllt, wird es unmöglich, ihn zu
stoppen
Wo er nichts auslässt, bleibt nur Finsternis zurück
Wenn er Dunkelheit verbreitet, schlägt die Blindheit zu

Es beginnt mit einem dunklen Tropfen
Und es scheint zu enden, wenn er fällt, weil er
manchmal schwer aufzuhalten ist
Was ist dein dunkler Tropfen?

Lebenslachen

über das Leben lachen
es manchmal nicht zu ernst nehmen
und mal alles ganz entspannt betrachten

mit dem Leben lachen
sich gemeinsam über die Sonne freuen
und die schönen Dinge suchen

das Leben anlachen
es voller Freude annehmen
und mit leichtem Herzen leben

unberechenbar

es beginnt mit einem einzigen kleinen gedanken
unauffällig
er taucht aus dem nichts auf
unbemerkt
er ist einfach nur da
unbedeutend
dann kommt die angst dazu
unerwartet
sie lässt den gedanken wachsen
unaufhörlich
er breitet sich aus
unaufhaltsam
nimmt zusammen mit der angst den ganzen kopf ein
unerbittlich
du kannst nichts dagegen tun
unfähig
der gedanke und die angst bedrängen die hoffnung
unheilvoll
im kopf spielen sich die immer gleichen szenarien ab
ununterbrochen
sie prägen sich tief ein
unvergesslich
keine chance gegen sie
unbewehrt
die angst übernimmt die kontrolle
unnachgiebig
sie macht was sie will
unberechenbar

aber du kämpfst
unbesiegbar
du stehst es durch
unerschütterlich
du stehst wieder auf
unbezwingbar
du schüttelst die angst ab
unbeirrbar

Mein kleines Mädchen

Ich habe irgendwann
mein kleines Mädchen in mir
vom Mut verlassen
alleine gelassen,
zurückgelassen.

Ich ging irgendwann weiter
ohne mein kleines Mädchen in mir.
Aufs Weitergehen versessen
sie vergessen,
von Angst vorm Zurückschauen besessen.

Ich ging immer weiter
ohne mein kleines Mädchen in mir.
Ohne schlechtes Gewissen
wollte ich nichts mehr von ihr wissen,
verdrängte die Gedanken daran, sie zu vermissen.

Ich verstand nicht, dass ich nicht ich war
ohne mein kleines Mädchen in mir.
Wollte nichts mehr machen,
verlernte zu lachen,
dachte lauter dunkle Sachen.

Ich verlor mich selbst immer mehr
ohne mein kleines Mädchen in mir.
Was die anderen wohl dächten,
wenn sie wüssten, dass die echten
Probleme am schlimmsten waren in den Nächten.

Doch irgendwann zeigte mir jemand, dass sie mir
fehlte,
das kleine Mädchen in mir.
Und ich habe mir ihr gesprochen,
sie nicht unterbrochen,
ihr versprochen,

dass ich sie nicht mehr alleine lasse,
mein kleines Mädchen in mir.
Ich habe sie an der Hand genommen,
eine feste Umarmung bekommen,
weiß nicht mehr, wie es möglich war, ohne sie
auszukommen.

Ich habe sie gern,
mein kleines Mädchen in mir.
Ich habe ihr vergeben,
ihr wieder ein Zuhause bei mir gegeben,
will nicht mehr ohne sie leben.

feststecken

manchmal stecke ich fest
zwischen festhalten und loslassen
zwischen behalten und fallen lassen
zwischen daran festklammern und einfach
hinschmeißen
gibt es einen mittelweg?

Windwandel

Alles durchpusten und
Verwirbeln lassen

Jede Ordnung und
Jedes "das muss so" loslassen

Atmen und
Die frische Luft spüren

Den Wind und
Das Wirbeln genießen

Danach umstellen und
Neu ordnen

Manches auch unordentlich und
Unsortiert lassen

Neue Plätze und
Neue Blickwinkel finden

Die Veränderung und
Den Perspektivwechsel annehmen

Etwas Neues und
Etwas besseres Altes daraus werden lassen

Was ist genug?

Was ist genug,
wenn immer noch mehr geht,
immer noch schöner,
immer noch weiter,
immer noch höher,
immer noch schneller,
immer noch besser?
Was ist genug?

Was ist genug,
wenn es nie ausreicht,
wenn es immer noch Verbesserungen gibt,
wenn man nie ankommt,
wenn immer noch Luft nach oben ist,
wenn immer weniger Zeit gebraucht werden soll,
wenn das Beste immer noch nicht genug ist?
Was ist genug?

Was ist genug,
wenn du dauernd kritisiert wirst,
wenn dir Vorwürfe gemacht werden, dass du dich
nicht genug anstrengst,
wenn du schon mehr Kraft reinsteckst, als du hast,
wenn dich ein Tag mehr ermüdet, als du in dich der
Nacht erholen kannst,
wenn du das Gefühl hast, trotz aller Bemühungen auf
der Strecke zu bleiben,
wenn schon mehr gibst, als du leisten kannst und es
trotzdem nicht ausreicht?
Was ist genug?

Was ist genug,
wenn du das entscheiden kannst,
wenn du die Grenzen für deine Leistung setzt,
wenn du so viel Energie reinsteckst, wie du dafür
geben kannst,
wenn du deine Arbeit wertschätzt,
wenn du stolz bist auf deine Leistungen,
wenn du jeden Tag entscheidest, was heute dein
Bestes ist?
Was ist dann genug?

Ist es dann genug,
wenn du an einem Tag weniger geschafft hast, weil du
deine Kraft einteilen musstest,
wenn du Arbeit an andere abgibst, um auf dich selbst
zu achten,
wenn du am nächsten Tag weiterarbeitest, weil du
eine Pause brauchst,
wenn du mehr Zeit brauchst für ein ebenso schönes
Ergebnis,
wenn du voller Liebe all die kleinen „Fehler"
anschaust,
wenn du weißt, dass es von dir ist?
Ist es dann genug?

Lass es genug sein.

Gedankengänge

Ich spaziere durch Gedankengänge,
denke voraus,
denke zurück,
denke um die Ecke.

Ich lasse den Gedanken freien Lauf
folge ihnen,
lasse sie schweifen,
verliere mich in ihnen.

Ich mache mir Gedanken,
mische sie aus Ideen,
stabilisiere sie mit Zuversicht,
baue aus ihnen Welten.

Ich spiele mit dem Gedanken,
der mir gerade am besten gefällt,
der einen Perspektivwechsel nötig hat,
der etwas Aufmunterung braucht.

Ich versinke in Gedanken,
gehe unter in welchen voller Angst,
schwimme in hoffnungsvollen,
bade in zuversichtlichen.

Ich spaziere durch Gedankengänge,
durch lange und kurze,
durch gerade und verwinkelte,
durch meine immer neuen Gedankengänge.

Kurzschluss

Kurzschluss im Kopf
Explosion der Gedanken
Blanke Panik
Völliger Kontrollverlust

was war los?
warum das alles?
wird es wieder passieren?

Vielleicht eine falsche Verbindung erwischt
Den Fehler zu spät bemerkt
In die Luft geschleudert vom Druck der Explosion
Dann nur noch gefallen ohne Halt

was war los?
warum das alles?
wird es wieder passieren?

Wellen

Die erste Welle rollt an
Ich bleibe sicher stehen
Ich kenne die Wellen
Halte ihnen stand

Die nächste Welle rollt an
Ich gerate etwas aus dem Gleichgewicht
Ich wackle hin und her
Fange mich aber schnell wieder

Die nächste Welle rollt an
Ich falle
Ich fange mich mit den Händen ab
Richte mich schnell wieder auf

Die nächste Welle rollt an
Ich falle wieder
Ich suche nach Halt
Stütze mich mit den Händen im Sand ab

Die nächste Welle rollt an
Ich spüre wie der Sand zwischen meinen Finger
durchrinnt
Ich kann mich nicht halten
Falle wieder

Die nächste Welle rollt an
Ich liege schon am Boden
Ich lasse sie über mich rollen
Halte die Luft so lange an

Die nächste Welle rollt an
Ich warte auf die Ebbe
Ich atme im Rhythmus der Wellen
Versuche Kraft zu schöpfen

Die nächste Welle rollt an
Ich spüre dass sie schwächer ist als die zuvor
Ich schaue vorsichtig auf
Sehe dass die Flut zurückgeht

Die nächste Welle rollt an
Ich stehe langsam auf
Ich habe wieder Kraft
Bin bereit für die nächste Flut

Eckgedanken

Eckgedanken Entdecken
Damit Anecken
Weiterdenken In Dunkle Ecken
Neue Eckgedanken Wecken

Eckgedanken denken
ihnen Aufmerksamkeit schenken
in neue Richtungen lenken
nicht beschränken

in gedankenreihen einreihen
alle gleich laut herausschreien
sie von ihren formen befreien
egal ob sie eckig oder rund seien

Mutgefühl

Geöffnet und verstanden worden
Geöffnet und ernst genommen worden
Geöffnet und bestätigt worden

Geöffnet und keine nett gemeinten Ratschläge
erhalten
Geöffnet und wahrgenommen worden
Geöffnet und festgestellt dass es gut tut

Meine Angst überwunden
Einen Mutausbruch gehabt
Ein Mutgefühl erhalten

Ausbruch

Ich habe Angst davor, was nach der Explosion passiert.
Was sind die Nachwirkungen?
Oder war das nur ein starkes Vorbeben und der
Ausbruch kommt erst?
Was passiert dann noch?

Ich habe Angst vor den losen Steinen.
Was, wenn sie ins Rollen geraten?
Was reißen sie alles mit?
Was zerstören sie alles auf ihrem Weg?

Ich habe Angst vor dem Ausbruch.
Was wird dabei noch kaputt gehen?
Wird das Feuer alles niederbrennen?
Wird die Asche am Ende alles zudecken, alles
verstecken?

Ich habe Angst, dass alles völlig kaputt geht.
Was wird alles unter der Asche vergraben?
Was geht im Feuer verloren?
Was bleibt mir dann noch?

Endl-ich

Endlich.
Endl-ich.
Endlich ich.
Endlich sein.
Endl-ich sein.
Endlich ich sein.

Wenn das Schweigen laut wird!

- Lina Stockhammer

Wir Menschen haben die Angewohnheit, über alles zu schweigen. Wir schweigen über unsere Probleme, über schlechte Noten, darüber, was wir wirklich wollen. Wir sagen, uns gehe es gut, obwohl wir uns alleine, einsam, überfordert oder einfach nur müde und krank fühlen. Und wofür das alles?

Um keine Schwäche zu zeigen. Um keinem erklären zu müssen, warum es uns nicht gut geht. Um keinen Ärger für die schlechte Note zu bekommen. Um niemandem sein wahres „Ich" zeigen zu müssen.

Aber was, wenn das Schweigen schlimmer ist, als darüber zu sprechen.

Was, wenn das Schweigen zu laut wird. Nicht hörbar, aber in uns drin.

Was, wenn dieses Schweigen uns kaputt macht, weil es in uns drin laut schreit, weil es gehört werden will, geteilt werden will, verarbeitet werden will, einfach raus aus uns will, weil es schon viel zu lange in uns drinnen ist.

Was, wenn wir irgendwann mit jemandem reden wollen, aber niemanden haben, dem wir das alles auflasten wollen?

Je länger wir dieses Schweigen für uns behalten, desto mehr kann es einen kaputt machen. Vielleicht nicht gleich, aber je mehr Zeit vergeht, in der dieses Schweigen nicht gehört wird, keine Aufmerksamkeit bekommt, desto schlimmer wird es. Es wird immer wieder kommen, immer wieder laut werden.

Deshalb sollten wir aufhören über alles zu schweigen, sollten dieses laute Schweigen in uns ernst nehmen und es laut herausschreien.

Laut herausschreien, wie es uns wirklich geht.

Laut herausschreien, dass wir Probleme haben und Unterstützung und Hilfe beim Bewältigen dieser Probleme brauchen, denn das ist vollkommen in Ordnung, da jeder von uns mal Hilfe benötigt.

Laut herausschreien, dass wir eine schlechte Note bekommen haben, denn das passiert jedem mal, da keiner perfekt ist.

Laut herausschreien, was wir wirklich wollen und brauchen.

Es ist ok, um Hilfe zu bitten.

Es ist ok, mit Freunden oder anderen Personen über seine Probleme zu reden, denn wenn wir alles immer nur in Schweigen hüllen, wird es in uns drinnen immer lauter, während es um uns herum immer leiser wird.

Wann beginnt ein Abschied?

–

Wann beginnt nach einem Abschied etwas Neues?

Wenn eine Zugfahrt endet

Zugfahrten enden irgendwann.
Weil das Ziel erreicht ist.
Weil die Bahnstrecke zu Ende ist.
Weil du aussteigen musst.

Wenn eine Zugfahrt endet,
dann bedeutet das Abschied.
Abschied
von den Leuten, die mit dir gefahren sind,
von den Sitzplätzen, auf denen du dich so schön
eingerichtet hattest,
von dem Gefühl, in Bewegung zu sein.
Mal ist der Abschied nach einer anstrengenden Fahrt
beinah eine Erleichterung,
mal fällt er schwerer, weil man seine Mitfahrer
liebgewonnen hat.
Mal bist du darauf vorbereitet, dass gleich der
Endbahnhof erreicht ist,
mal kommt es sehr plötzlich.
Mal wartest du schon auf den Abschied,
mal wünschst du dir, dass die Fahrt noch ewig
weitergeht.

Wenn eine Zugfahrt endet,
dann bedeutet das ein Ende.
Ein Ende
von etwas, das bis dahin war,
von der ständigen Bewegung während der Fahrt,
von gemeinsamen Momenten, die jetzt zu

Erinnerungen werden.
Mal denkst du gerne zurück an die schönen Erlebnisse,
mal willst du danach eine Zeit lang nichts davon hören.
Mal stolperst du erst mal, weil du plötzlich so langsam
bist,
mal atmest du erst mal durch, weil du wieder
entschleunigt bist.
Mal weißt du sofort, wie es jetzt weitergeht,
mal musst du dich erst wieder neu orientieren.

Wenn eine Zugfahrt endet,
dann bedeutet das Veränderung.
Veränderung
von dir selbst vielleicht durch die lange Fahrt,
von der bisher gewohnten Umgebung zu etwas
Neuem,
von der schnellen Fahrt zur Entschleunigung.
Mal tut die Veränderung gut, weil es Zeit für etwas
Neues ist,
mal tut sie weh, weil du dem Gewohnten noch
hinterher trauerst.
Mal ist die Veränderung notwendig, um aus alten
Mustern auszubrechen,
mal reißt sie dich aus einem sicheren Umfeld heraus.
Mal ist sie schneller da, als du dachtest,
mal braucht sie viel zu lange.

Wenn eine Zugfahrt endet,
dann bedeutet das auch Anfang.
Anfang
von neuen Erfahrungen,
von einer neuen Umgebung,
von neuen Leuten.
Mal kannst du den Neuanfang sofort annehmen,
mal brauchst du etwas Zeit, bis du dich darauf
einlassen kannst.
Mal hilft es dir, über den Abschied hinwegzukommen,
mal macht es dir den Schmerz nur noch mehr bewusst.
Mal formt sich von selbst, wie es weitergeht,
mal ist es deine bewusste Entscheidung, was du daraus
machst.

Loslassen

Es fühlte sich an,
als würde endlich etwas von mir abfallen,
das ich viel zu lange mit mir herumgetragen hatte.

Vielleicht war es am Anfang noch nicht so schwer,
aber wenn man etwas Leichtes zu lange halten muss,
wird es trotzdem irgendwann zu schwer.

Mir wurde endlich bewusst,
dass ich es nicht mit mir herumtragen musste,
sondern einfach loslassen darf.

Es tut gut loszulassen,
denn ich fühle mich wieder frei
und kann wieder ich sein.

Und jetzt bin ich so viel leichter,
weil ich mir endlich erlaubt habe,
es einfach sein zu lassen.

Schon bevor du gegangen bist

Du hast dich schon verabschiedet,
bevor du gegangen bist.
Aber ohne etwas zu sagen.

Du hast dich schon weggedreht,
bevor du gegangen bist.
Aber ohne den Blick ganz abzuwenden.

Du hast schon unseren Weg verlassen,
bevor du gegangen bist.
Aber ohne mir Bescheid zu geben.

Du warst schon weg,
bevor du gegangen bist.
Aber ohne mich gleich zu verlassen.

Endlich

Ich habe Menschen verloren,
aber ich habe mich bekommen.
Endlich.

Menschen haben mich angelogen,
aber ich war ehrlich zu mir selbst.
Endlich.

Menschen standen nicht zu ihren Entscheidungen,
aber ich konnte für mich einstehen.
Endlich.

Menschen ließen mich fallen,
aber ich lernte zu fliegen.
Endlich.

Menschen gingen weiter ohne mich,
aber ich begann, nach meinem eigenen Weg zu
suchen.
Endlich.

Menschen verloren mich,
aber ich fand mich selbst.
Endlich.

Umgelenkt

Nicht zurückgewiesen,
sondern umgelenkt worden.

Umgelenkt auf einen anderen Weg,
umgelenkt auf einen neuen Weg,
umgelenkt auf meinen Weg.

Umgelenkt zu mehr Freiheit,
umgelenkt zu mehr Selbstliebe,
umgelenkt zurück zu mir.

Nicht zurückgewiesen,
sondern umgelenkt worden.

Umblättern

Die Seite umgeblättert,
auf einmal ist das Kapitel zu Ende.
Der Leser kann auswählen,
welche Geschichte er weiterlesen will.
Die beiden Protagonisten gehen jetzt getrennte Wege,
daher gibt es wieder getrennte Handlungsstränge.

Die Seite umgeblättert,
auf einmal ist das Kapitel zu Ende.
Aus zwei Geschichten wurde einmal eine,
aus einer werden jetzt wieder zwei.
Wo die Handlung die zwei einst zusammengeführt hat,
schickt sie sie jetzt wieder in unterschiedliche
Richtungen.

Die Seite umgeblättert,
auf einmal ist das Kapitel zu Ende.
Wo sie sich vorher gegenseitig von ihrem
gemeinsamen Leben erzählt haben,
erzählt jetzt jeder wieder selber von seinem Leben.
Wer weiß, was der andere gerade tut,
denn das ist jetzt eine andere Geschichte.

Die Seite umgeblättert,
auf einmal ist das Kapitel zu Ende.
Nur noch kurze Besuche in der Handlung des anderen,
ein paar Sätze in einer Nebenhandlung.
Ein paar Worte in Erinnerung an die gemeinsame Zeit,
sonst zwei unabhängige Geschichten.

Die Seite umgeblättert,
auf einmal ist das Kapitel zu Ende.
Vielleicht führt die Zeit sie irgendwann wieder
zusammen,
wenn es auch kein gemeinsamer Handlungsstrang
mehr wird,
sondern nur eine parallele Handlung,
eine Begegnung.

Die Seite umgeblättert,
auf einmal ist das Kapitel zu Ende.
Das Kapitel beendet den gemeinsamen Weg,
schließt einen Abschnitt ab.
Hinterlässt Abschiedsschmerz,
lässt Tränen fließen.

Die Seite umgeblättert,
auf einmal ist das Kapitel zu Ende.
Ein neues Kapitel beginnt
gleich auf der nächsten Seite.
Es eröffnet neue Möglichkeiten,
zeigt neue Wege.

Die Seite umgeblättert,
auf einmal beginnt ein neues Kapitel.
Vor mir liegen Buchstaben, Wörter, Sätze, Satzzeichen
und es ist an mir, mein Leben zu schreiben.
Wort für Wort, Satz für Satz,
bis zum nächsten Kapitel.

Als du gegangen bist

Wir hatten eine gute Zeit
und ich habe mich wohlgefühlt mit dir,
aber als du gegangen bist,
fand ich die Freiheit
und die Möglichkeit,
mich selbst kennenzulernen.

Wir hatten eine gute Zeit
und ich habe die Momente mit dir sehr genossen,
aber als du gegangen bist,
eröffnete sich mir plötzlich der Weg zu mir selbst
und ich konnte losgehen,
um mich selbst kennenzulernen.

Wir hatten eine gute Zeit
und bin froh, um jeden Moment, den wir hatten.
Aber als du gegangen bist,
war ich auf mich allein gestellt
und fing an, mich auszuprobieren,
um mich selbst kennenzulernen.

Wir hatten eine gute Zeit
und ich denke gern daran zurück,
aber als du gegangen bist,
hatte ich endlich die Möglichkeit,
herauszufinden, wer ich bin,
und mich selbst kennenzulernen.

Ich weiß noch nicht,
wohin er mich überall führen wird,
aber ich habe meinen Weg gefunden.

Ich weiß noch nicht,
was ich alles erleben werde,
aber ich gehe meinen Weg.

Ich weiß noch nicht,
wem ich begegnen werde,
aber ich bleibe auf meinem Weg.

Ich weiß noch nicht,
was passieren wird,
aber ich werde mich nicht von meinem Weg abbringen
lassen.

Satzzeichen

Es gibt Menschen,
für die man ein Ausrufezeichen ist.
Das ist positiv gemeint
und ehrlich.
Sie zeigen damit,
dass man ihnen wichtig ist.

Aber es gibt auch Menschen,
bei denen man ein Fragezeichen ist.
Etwas Unsicheres,
etwas Offenes.
Und dann weiß keiner,
wie es damit weitergehen soll.

Man könnte auch
nur ein Komma sein.
Eine Pause,
bevor es wieder weitergeht.
Aber dann weiß man nie,
was daraus wird.

Aber vielleicht,
vielleicht ist man dann lieber ein Punkt.
Ein Ende,
etwas, das endgültig vorbei ist.
Dann wüsste man,
dass man sich verabschieden kann.

Denn manchmal sind Beziehungen zu Menschen für
uns ein Satz,
der offen mit drei Punkten endet.
Vielleicht geht es weiter,
vielleicht ist es ein offenes Ende.
Aber sie schaffen es nicht,
sich zu entscheiden.

Das Ausrufezeichen wird man wohl nicht mehr werden
und ich glaube, das will man oft auch nicht mehr sein.

Aber so ist man ein Fragezeichen
und weiß nicht, ob es jemals eine Antwort geben wird.

Wenn der Mensch sich für das Komma entscheidet,
weiß man nicht, ob man das nochmal kann.

Also hofft man, dass man zum Punkt wird,
damit man damit abschließen kann.

Oder vielleicht sollte man Tipp-Ex nehmen und aus den
drei Punkten einen machen
und dem Menschen damit endlich die Entscheidung
abnehmen.

Frei

kann verzeihen
kann mich geirrt haben

lasse los
lasse mich frei

entfalte meine flügel
entfalte mich

bin dankbar für die zeit
bin dankbar für die umlenkung

gehe einen neuen weg
gehe meinen eigenen weg

hinter mir so viele überwundene schwierigkeiten
hinter mir so viele glückserlebnisse

vor mir so viele möglichkeiten
vor mir so viel raum

frei

rauswachsen

es drückt
es wird zu eng
es passt nicht mehr

ich blühe
ich bin gewachsen
ich passe nicht mehr rein

sie haben die samen gesäht
sie haben den anfang gemacht
sie haben mir beim keimen geholfen

ich habe nach dem licht gesucht
ich habe mich aus der erde gestreckt
ich habe nur wohldosierte lichtstrahlen gefunden

er hat mich aus dem bekannten halbdunkel gelockt
er hat mir das wirkliche licht gezeigt
er hat mich weiterwachsen lassen

ich habe mich aus der enge befreit
ich habe mich zum licht gestreckt
ich habe angefangen zu blühen

es ist mein weg zum licht
es hält mich nichts mehr
es ist meine freiheit

ich befreie mich
ich blühe auf
ich lebe

du bist nicht weg

nicht weg
nur hinter der nächsten tür

den weg hier beendet
setzt ihn woanders fort

spuren hinterlassen
in den herzen derer die dir begegnet sind

erinnerungen bleiben
wo du vom weg abgebogen bist

begegnest uns in uns selbst
bleibst stiller beobachter im hintergrund

du bist nicht weg
nur hinter der nächsten tür

Dich loslassen

An dich denken
Mich innerlich verabschieden
Dich loslassen

Dich gehen lassen
Dir das Beste wünschen
Dich loslassen

In Gedanken bei dir sein
Dir gedanklich sagen dass du nicht alleine bist
Dich loslassen

Kerzenschimmererinnerungen

die flackernde Flamme fangen
mit den Augen
das schimmernde Glimmen verschwimmt
vor den Augen

die britzelnde Hitze kitzelt die Luft
über der Flamme
und dazwischen das knirschende Zischen
in der Flamme

Schatten tanzen flatternd
hinter dem Licht
Erinnerungen verinnerlicht
im Licht

sternschnuppe

eine sternschnuppe
zu schnell vorbeigeflogen und verblasst
aber für manche leuchtet es noch lange nach
weil sie die sternschnuppe kannten

eine sternschnuppe
zu schnell vorbeigeflogen und verblasst
aber spuren hinterlassen bei denen
die du auf deinem kurzen flug gestreift hast

Wann wird aus einem Moment eine Ewigkeit?

—

Warum dauert die Ewigkeit manchmal nur einen Moment?

Ein Moment

Ein Moment fliegt vorbei
und egal wie schnell du nach ihm greifst,
du kannst ihn nicht festhalten.
Denn es ist nur ein kleiner Moment,
nicht gemacht für die Ewigkeit,
sondern nur für kurze Zeit.

Ein Moment fliegt vorbei
und egal wie schnell du nach ihm greifst,
du kannst ihn nicht festhalten.
Er huscht vorüber,
du nimmst das Rauschen wahr,
fühlst, dass da etwas war.

Ein Moment fliegt vorbei
und egal wie schnell du nach ihm greifst,
du kannst ihn nicht festhalten.
Ein Ahnen, dass gerade etwas passiert ist,
dass es von Bedeutung war,
dass du es festhalten solltest.

Ein Moment fliegt vorbei
und egal wie schnell du nach ihm greifst,
du kannst ihn nicht festhalten.
Du schnappst versuchsweise ins Leere,
fühlst es durch deine Finger gleiten,
aber du erwischst nichts.

Ein Moment flog vorbei
und du hast so schnell nach ihm gegriffen,
aber du konntest ihn nicht festhalten.
Das Gefühl, etwas verloren zu haben,
etwas verpasst zu haben,
ist das, was von dem Moment übrig bleibt.

Ein Moment flog vorbei
und du hast so schnell nach ihm gegriffen,
aber du konntest ihn nicht festhalten.
Traurig siehst du ihm hinterher,
streckst die Hand nochmal aus
in die Richtung, in die er verschwand.

Ein Moment flog vorbei
und du hast so schnell nach ihm gegriffen,
aber du konntest ihn nicht festhalten.
Du überlegst, wie du das verpassen konntest,
schämst dich, dass du zu langsam warst,
schließt die Augen und denkst zurück.

Ein Moment flog vorbei
und du hast so schnell nach ihm gegriffen,
aber du konntest ihn nicht festhalten.
Und während du darüber nachdenkst,
wie du ihn verpassen konntest,
durchlebst du den Moment in Gedanken wieder und
wieder.

Ein Moment flog vorbei
und du hast so schnell nach ihm gegriffen
dass du ein Stück davon festhalten konntest.
Du kannst dich an den Moment erinnern,
wie es sich angefühlt hat,
was das Besondere war.

Ein Moment flog vorbei
und du hast so schnell nach ihm gegriffen,
dass du ein Stück davon festhalten konntest.
Der Moment selber verging,
aber die Erinnerung in dir bleibt
und bringt dich immer wieder dorthin zurück.

Ein Moment flog vorbei
und du hast so schnell nach ihm gegriffen,
dass du ein Stück davon festhalten konntest.
Du hattest das Gefühl,
dass dir alles durch die Finger gleitet,
dass du nichts davon mitnehmen kannst.

Ein Moment flog vorbei
und du hast so schnell nach ihm gegriffen,
dass du ein Stück davon festhalten konntest.
Du kannst etwas festhalten,
bist nicht machtlos der Zeit gegenüber,
denn in dir lebt der Moment weiter.

Zeit anhalten

Stell dir vor, du hast eine Stoppuhr,
mit der du die Zeit anhalten kannst.
Einfach auf den Knopf drücken und
die Zeit steht.

liegenlassen woran du gerade bist
loslassen was dich festhält
unbeachtet lassen was um dich herum passiert
die Zeit steht.

deinen Herzschlag spüren
deinen Atem wahrnehmen
deine Anspannung abfallen lassen
die Zeit steht.

die Gedanken vorbeifließen lassen
die zurückgehaltenen Gefühle freilassen
die Welt draußen sein lassen
die Zeit steht.

für einen Moment kein Zeitdruck
für einen Moment nur du
für einen Moment einfach sein
die Zeit steht jetzt.

Uhren

tick tack tick tack tick tack
konstant
ruhig
immer gleich

tick tack tick tack tick tack
stetig
pausenlos
immer weiter

tick tack tick tack tick tack
unermüdlich
rhythmisch
im immer gleichen takt

tick tack tick tack tick tack
jede sekunde
jeden moment
dein ganzes leben

tick tack tick tack tick tack
darüber hinaus
stetiges tick tack
die ganze zeit

Zeit brauchen

Dinge brauchen ihre Zeit.

Eine Frucht, bis sie reif ist.
Ein Vogel, bis er aus dem Ei schlüpft.
Ein Baum, bis er groß und stark ist.
Die Erde, bis sie nach langem Regen wieder trocken ist.
Ein Gewitter, bis es vorbeigezogen ist.

Dinge brauchen ihre Zeit.

Essen, bis es gar ist.
Ein Buch, bis es geschrieben ist.
Wasser, bis es kocht.
Geschirr, bis es sich von selbst abgespült hat.
Eine neue Wohnung, bis sie fertig eingerichtet ist.

Dinge brauchen ihre Zeit.

Ein Erlebnis, bis es fertig verarbeitet ist.
Ein Gedanke, bis er fertig gedacht ist.
Ein Gefühl, bis es sich wieder gelegt hat.
Eine Erinnerung, bis sie nicht mehr so emotional ist.
Du, bis du dich an eine neue Situation gewöhnt hast.

Dinge brauchen ihre Zeit.

Sie brauchen ganz unterschiedlich lang.
Aber jedes Ding braucht seine Zeit.
Und diese Zeit ist genau richtig für das beste Ergebnis.
Gib dir Zeit für dein bestes Ergebnis.
Hab Geduld mit dir.

Du brauchst deine Zeit.

Fehler im System

Nur ein verrutschtes Minutenstrichlein auf der Uhr,
ein irrelevanter Fehler im System.
Die Uhr läuft weiter ohne Problem,
den verrutschten Strich bemerkt der genaue
Betrachter nur.

Nur ein braunes Blatt an einem grünen Baum,
ein irrelevanter Fehler im System.
Der Baum wächst weiter ohne Problem,
das braune Blatt bemerkt man kaum.

Nur ein fehlender Buchstabe in einem 1000-Seiten-
Buch,
ein irrelevanter Fehler im System.
Für den Leser im Fluss überhaupt kein Problem,
den Fehler findet nur, wer ganz genau sucht.

Aber für irgendjemanden ist es der Minutenstrich für
die Lieblingsuhrzeit,
bei der der Zeiger auf einmal nicht mehr richtig
verweilt.
Für irgendjemanden ist es das täglich erwartete Blatt,
das ihm jeden Tag beim Vorbeigehen sanft durchs
Gesicht gestreichelt hat.

Für irgendjemanden ist es der sinnverändernde
Buchstabe,
der die Lesewelt durch ein verändertes Wort aus dem
Gleichgewicht bringt.

Für irgendjemand ist es der alles verändernde Fehler im System,
der alles zum Wanken bringt, aber ja, für dich ist es vielleicht wirklich kein Problem.

zeitlos

sei mal zeitlos
geh los
und lass die zeit los

sei mal schwerelos
flieg los
und lass die schwere los

sei mal bedenkenlos
zieh los
und lass die bedenken los

du bist nicht mehr hier

du bist nicht mehr hier,
aber in meinen gedanken denkst du mit

du bist nicht mehr hier,
aber ich suche das „good in the bad", weil du es mir
beigebracht hast

du bist nicht mehr hier,
aber ich finde sonnenstrahlenmomente, weil wir uns
gemeinsam so oft über sie gefreut haben

du bist nicht mehr hier,
aber ich bin überzeugt, dass es dir gut geht, weil du so
tief daran geglaubt hast

du bist nicht mehr hier,
aber du hast mir etwas von deinem unglaublich
positiven blick auf das leben geschenkt

du bist nicht mehr hier,
aber in mir bist du lebendig, weil unser austausch
meine gedanken farbenfroher und
abwechslungsreicher gemacht hat

stillstehen

die zeit steht still
geht trotzdem weiter
wir schwimmen inmitten von zeitlosen momenten
die zeit als anhaltspunkt scheint nicht mehr sicher zu
sein

die uhren laufen zuverlässig weiter
doch scheint es als würde die welt stillstehen
kaum jemand regt sich
aus angst die ruhe zu stören

es ist egal geworden
was gestern war heute ist morgen sein wird
die tage fließen ineinander
vergehen ohne klare grenze

im einen moment vergeht die zeit so langsam
im nächsten zerrinnt sie uns zwischen den fingern
zeitangaben sind plötzlich nur noch leere floskeln
keiner weiß mehr was sie einmal bedeutet haben

die zeit wurde auf einmal zum großen rätsel
keiner weiß mehr etwas damit anzufangen
wir sind meister darin geworden
unser zeitgefühl zu verlieren

und wo anfangs noch halbherzig danach gesucht
wurde
hat man auch das jetzt aufgegeben
denn wer braucht schon sein zeitgefühl
wenn man scheinbar so viel zeit hat

zeit nehmen

für dich
für mich

für die kleinen dinge
für das zählen der baumjahresringe

für ein gutes buch
manchmal auch für einen heftigen fluch

für eine gemütliche tasse tee
für einen spaziergang um den see

für gemeinsame qualitytimestunden
für das durchschauen alter kinderurkunden

für eine mail an einen freund
für einen moment in dem man träumt

für ein glas wasser mal zwischendrin
für eine verschnaufpause wenn ich müde bin

für ein bisschen achtsamkeit
für ein bisschen ehrlichkeit

für das warten auf das was kommt
für das annehmen von dem was kommt

Nebelträume

Wenn die Welt grau wird
und im Nebel versinkt
wenn die Blätter von den Bäumen fallen
und der Boden matschig wird
wenn das Tageslicht weniger wird
und die Dunkelheit zunimmt

dann will ich alles verändern
die Welt wieder bunter machen
dann will ich mit den Blättern den Boden verdecken
für mich einen roten Teppich daraus machen
dann will ich die langen Nächte gut überstehen
will die Welt zum Leuchten bringen

Ich will glücksgenießend Erinnerungen wach werden
lassen
mich mit ihnen weit zurückträumen
in Gedanken beim Sommer
Ich will an ausgedachten Blumen riechen
mir Sandstrände vorstellen
und ganz fest an Sommerwärme denken
nur um die Sonne beinah zu fühlen
mich in Träumen im Wasser abzukühlen
und lange draußen zu sitzen auf Gedankenstühlen

Ich will lebenstanzend Leichtigkeit fühlen
die Lebendigkeit durch meinen Körper fließen lassen
ohne Gedanken an die Alltagsschwere
Ich will Träume wahr werden lassen

will mit der Musik malen
und mich um die Noten drehen
nur um die Welt kurz zu vergessen
dem Tanzen für einen Moment alle Bedeutung
zuzumessen
und mich nicht zu stressen

Ich will sternentrunken im Dunkeln spazieren gehen
mich warm in meine Jacke einkuscheln
die Hände in den Jackentaschen
Ich will die Sterne wie Punkte miteinander verbinden
mit Geschichten Netze dazwischen weben
und meiner Fantasie freien Lauf lassen
nur um den Zauber der Nacht zu genießen
zwischendurch die Augen zu schließen
und zu überlegen wie die Sterne gleich nochmal alle
hießen

Ich will wunderlauschend die kleinen Dinge entdecken
sie in den unerwartetsten Momenten finden
ohne dass ich sie suche
Ich will mich über Vogelgezwitscher freuen
bunte Blätter am Waldboden bewundern
und jede Menge Sonnenstrahlenmomente einfangen
nur um wie ein Kind vor Freude auf- und abzuhüpfen
durch Gestrüpp und Dornen zu schlüpfen
und aus Neugierde einen Pilzhut zu lüpfen

Ich will mich hoffnungspflückend nach oben strecken
nach den Sternen greifen
ohne Zweifel sie erreichen zu können
Ich will die Zuversicht sammeln
fest an sie glauben lernen
und sie aufheben für die schlechten Tage
nur um sie später anzuschauen
mir wieder mehr zuzutrauen
und hoffnungsvoll an meinem Leben zu bauen

Ich will funkellachend Freude spüren
dem Kribbeln durch den Körper folgen
voller Genuss die Wärme fühlen
Ich will in die Welt strahlen
alles um mich herum zum Leuchten bringen
und jede Ecke ausleuchten
nur um mich dann nach den Sternen zu sehnen
die Helligkeit noch eine Zeit lang auszudehnen
und mich dann zum Sternegucken zurückzulehnen

Ich will zukunftsflüsternd nach vorne schauen
mir überlegen was mal sein könnte
ohne Zwang dass es auch so kommen muss
Ich will ganz gedankenlos von Möglichkeiten träumen
an die Unendlichkeit dieser denken
und mich durch Vorstellungen treiben lassen
nur um gar nichts davon zu müssen
sondern die Vielfalt zu begrüßen
und sich zu verabschieden von nicht eingehaltenen
Entschlüssen

Ich will patschlachenhüpfend Perspektiven wechseln
neue Welten kennen lernen
voller Neugier auf das Unbekannte
Ich will um die Ecke denken
Eckgedanken rund denken
und neue Richtungen finden
nur um in Gedanken immer neu abzubiegen
auch mal völlig falsch zu liegen
und nicht genug davon zu kriegen

Ich will nebelträumend das Leben entdecken
immer nur kleine Stücke anschauen
die Ruhe unter dem grauen Schleier auch mal
genießen
Ich will die Welt umdrehen,
aus Nebel Leben machen
und alles umkrempeln
nur um Neues zu entdecken
mich manchmal hinter Nebelwänden zu verstecken
und aus dem Nebel Gestalten aufzuwecken.

Ich will wörterleuchtend von Wundern erzählen
mit Buchstaben um Satzzeichen fliegen
frei schweben in Schachtelsätzen
ich will mit Geschichten Netze weben
mich mit ihnen fallen lassen in die Realität
und dabei den roten Faden verlieren
nur um ihn wieder zu finden
ihn um die Buchstaben und Wörter zu winden
und am Ende dann am Punkt festzubinden

Ich will
Zaubergenießend Vertrauen schenken
Glückskuschelnd frei sein
Musikatmend Zuversicht finden
Wunderlauschend in die Stille hören
Bauchgefühlmomenteflüsternd Unendlichkeit wahr
machen
Purzelreisend neue Welten entdecken
Glitzerschwebend Leichtigkeit spüren

und das am besten alles auf einmal
und immer wieder
und aus vollem kindlichem Herzen

Zeit zum Träumen

Wo wärst du jetzt gerne?
Wie sieht es dort aus?
Wie warm ist es dort?
Wie riecht es?

Wer wärst du jetzt gerne?
Was fiele den Leuten an dir auf?
Was wäre an dir besonders?
Was würde dich ausmachen?

Wer wäre da noch mit dir?
Was würdet ihr machen?
Was gäbe es zu essen?
Was würde euch glücklich machen?

Welcher Tag wäre jetzt am besten?
Wie spät wäre es?
Wie wäre das Wetter?
Wie würdest du die Zeit verbringen?

Wie wäre es, wenn das gar kein Traum sein müsste?
Wie wäre es, wenn du das jeden Tag tun könntest?
Wie wäre es, wenn das alles deine Entscheidung wäre?
Wie wäre es, wenn du über dein Leben bestimmen
könntest?

Moment... kannst du das nicht auch?
Du kannst entscheiden, wer du sein willst.
Du kannst entscheiden, mit wem du etwas tun willst.
Du kannst entscheiden, was dich glücklich macht.

Du entscheidest, was du aus einer Situation machst.
Du entscheidest, wie du auf etwas reagierst.
Du entscheidest, ob du das Positive oder das Negative sehen willst.
Du entscheidest, was davon dein Leben beeinflusst.

textwachstum

es wächst
ein text
in mir

es scheint
er keimt
in mir

von der sonne gelockt
auch wenn er manchmal stockt
in mir

er reckt sich
er streckt sich
in mir

er kitzelt
er kribbelt
in mir

irgendwann ist es so weit
für das papier bereit
vor mir

Wundererlebnisse

Von Tropfenfaszination überwältigt werden
In Patschlachenträumereien versinken
Wegewunder erleben
Wiesenwünsche losschicken
Gleisgewächse bewundern
Fantasiefotos schießen
Wisperwurzeln zuhören
Regenrascheln fühlen
Tropfentriefend heim gehen
Mit Glücksgefühlen vollgesogen
Und mit Lebensliebe überfüllt

Zeit haben

Du hast die Zeit.
Du hast die Zeit in der Hand.
Du hast in der Hand, was du mit der Zeit machst.
Du kannst mit der Zeit machen, was du willst.

Du hast die Zeit.
Du hast die Zeit in der Hand.
Du hast in der Hand, wie viel Zeit du etwas oder
jemandem gibst.
Du gibst so viel Zeit, wie du willst.

Du hast die Zeit.
Du hast die Zeit in der Hand.
Du hast in der Hand, wie schnell oder langsam du die
Zeit wahrnimmst.
Du nimmst das Tempo der Zeit wahr, wie du gerade
willst.

Du hast die Zeit.
Du hast die Zeit in der Hand.
Du hast in der Hand, was du daraus machst.
Du machst daraus das, was du willst.

Du hast die Zeit.
Du hast die Zeit in der Hand.
Du entscheidest.
Es ist deine Zeit.

Nebelmomente

Verblasste Farben schimmern durch den Nebel
Langsam schälen sie sich heraus
Zuerst noch schwach gewinnen sie mehr und mehr an
Kraft

Unendlichkeit schimmert durch den Nebel
Gleichzeitig wirkt es begrenzend
Unendlich scheinende Weite und heimelige
Begrenzung vermischen sich
Was bleibt ist Ruhe

Umrisse schimmern durch den Nebel
Langsam schälen sich Konturen heraus
Zuerst noch verschwommen gewinnen sie mehr und
mehr an Klarheit

Vergangenheit und Zukunft schimmern durch den
Nebel
Gleichzeitig zählt nur das Jetzt
Träume und Erinnerungen vermischen sich
Was bleibt ist Präsenz im Moment

Zeitlupe

die Zeit unter die Lupe nehmen
verlangsamen
genauer anschauen

alles ist nur noch halb so schnell
wirkt ruhiger
beinahe schwerelos

kein Anhalten
aber ein Innehalten
obwohl es weitergeht

sei im Moment
halte inne
halte nicht an

fühl dich schwerelos
nimm die Ruhe wahr
vergiss die Geschwindigkeit um dich herum

schau genau hin
verlangsame die Zeit
nimm deine Zeit unter die Lupe

Zeitlupe

Lebenszeit

Die Zeit fließt aus den Uhren,
tropft in unsere Hände,
rinnt zwischen unseren Fingern hindurch.
Sie verschwindet im Nirgendwo,
ohne dass wir sie festhalten können.

Schon ist sie weg,
an uns vorüber gehuscht,
vorbeigeglitten wie ein Schatten.
Aus dem Augenwinkel wahrgenommen,
aber nicht richtig gesehen.

Nur ein Ahnen,
dass sie da war,
in Form von Erinnerungen.
Was uns ist bleibt, ist den Moment jetzt zu genießen
und eine schöne Erinnerung daraus zu machen.

Zeit brauchen

ich brauche mehr Zeit
ich habe nicht genug Zeit
die Zeit ist zu knapp
die Zeit reicht nicht
ich brauche mehr Zeit

du brauchst nicht mehr Zeit
du hast genug Zeit
jeden Tag 24 Stunden
jede Stunde 60 Minuten
du brauchst nicht mehr Zeit

ich brauche mehr Zeit
ich habe nicht genug Zeit
jede Sekunde zählt
schließlich muss ich so viel machen
ich brauche mehr Zeit

du brauchst nicht mehr Zeit
du hast genug Zeit
was zählt ist die Frage wie du die Zeit nutzt
wofür du sie wirklich brauchst
aber du brauchst nicht mehr Zeit

du brauchst mehr „einfach mal tun"
du hast nicht genug „Glücksmomente einatmen"
lass kurze Zaubermomente unendlich lang werden
lass die Zeit für einen Moment stillstehen
du brauchst mehr „einfach sein"

L-ich-t

trau dich zu leuchten
zu strahlen
versteck dein wunderschönes licht nicht
nur weil es andere blenden könnte
sei stolz auf dein leuchten
dein strahlen

lass dich nicht dimmen
nur weil es andere stört
verbreite dein leuchten
dein strahlen
teile es mit anderen
lass es frei

dein leuchten ist wertvoll
und wird gebraucht
ganz egal wie hell es ist
oder wie groß
egal wie weit es leuchtet
oder wie stark

denn jeder
hat sein ganz eigenes leuchten
ein einzigartiges wunder
das keinem anderen gleicht
so besonders
so wertvoll

und wenn du funken davon weitergibst
strahlt in anderen ein stück davon weiter
und wenn du funken von anderen einfängst
strahlen sie in dir weiter
und dein eigenes leuchten wird immer mehr deins
und strahlt immer heller

und wer weiß
wer genau heute dein leuchten braucht
wer weiß
wer genau heute von einem funken getroffen wird
wer weiß
wer einen teil deines leuchtens in sich aufnimmt und
weiterträgt

und irgendwie
wird es dann immer heller und leuchtender überall
und keiner weiß
dass es nur daran lag
dass jeder sein leuchten geteilt hat
und es so immer heller wird

denn wie einsam wäre ein leuchten
wenn es immer vor allen versteckt wird
wie schwach würde das leuchten
wenn es nie einen funken von anderen bekommt
wie sehr würde der welt dein leuchten fehlen
wenn du es nie zeigst

also trau dich zu leuchten
zu strahlen
versteck dein wunderschönes licht nicht
nur weil es andere blenden könnte
sei stolz auf dein leuchten
dein strahlen

lass dich nicht dimmen
nur weil es andere stört
verbreite dein leuchten
dein strahlen
teile es mit anderen
lass es frei

Zukunftsgeflüster

Zukunftsgeflüster in meinem Ohr
Ich höre, wie nah sie schon ist
Spüre ihren heißen Atem beim Flüstern

Zukunftsgeflüster in meinem Ohr
Ich höre, wie sie Erwartungen wispert
Spüre die Angst heiß im Nacken

Zukunftsgeflüster in meinem Ohr
Ich höre, wie sie mir Zweifel einreden will
Spüre meine Unsicherheit

Zukunftsgeflüster in meinem Ohr
Ich höre ihr zu
Spüre, dass ich ihr glaube

Zukunftsgeflüster in meinem Ohr
Ich höre, wie nah sie schon ist
Spüre ihren heißen Atem beim Flüstern

Zukunftsgeflüster in meinem Ohr
Ich höre, wie nah sie schon ist
Spüre ihren wärmenden Atem beim Flüstern

Zukunftsgeflüster an meinem Ohr
Ich höre, wie sie Träume wispert
Spüre die Vorfreude warm in meiner Brust

Zukunftsgeflüster an meinem Ohr
Ich höre, wie sie mir Hoffnung geben will
Spüre die Ruhe

Zukunftsgeflüster an meinem Ohr
Ich höre ihr zu
Spüre, dass ich ihr glaube

Zukunftsgeflüster an meinem Ohr
Ich höre, wie nah sie schon ist
Spüre ihren wärmenden Atem beim Flüstern

Von Wurzeln und Blüten

Ich wachse jeden Tag ein Stück,
weil ich mich strecken muss,
um zu sehen,
was es da draußen in der Welt noch zu entdecken gibt.

Ich werde jeden Tag stärker,
weil ich lerne,
dass stabile Wurzeln das sind,
was einen hält.

Ich blühe jeden Tag mehr auf,
weil ich herausgefunden habe,
dass mein Strahlen
von niemandem außer mir abhängig ist.

Es gab natürlich so manchen Sturm,
aber ich habe die Sicherheit,
dass meine Wurzeln mich halten
und Blüten wieder neu wachsen.

Ich genieße die Sonne in meinem Gesicht jeden Tag
noch ein bisschen mehr,
weil ich weiß,
dass sie weiter scheint,
egal was passiert.

**Vielleicht warten wir ja alle auf die
Ent-täuschung?**

schneekugelzauber

die welt auf den kopf gestellt
durcheinandergewirbelt
wo ist oben wo unten?

dann wieder richtig herum
noch alles da wo es hingehört
doch es glitzerwirbelt

für einen moment orientierungslos
die richtung verloren
was ist passiert?

dann den glitzerregen bewundert
verstanden dass es manchmal einen sturm braucht
damit sich wieder etwas bewegt

das vertrauen gebrochen

das vertrauen gebrochen
kann mich kaum fallen lassen
aus angst etwas zu verpassen

das vertrauen gebrochen
kann kaum loslassen
aus angst etwas zu verlieren

das vertrauen gebrochen
kann kaum glauben
dass es jemand nur gut mit mir meint

das vertrauen gebrochen
kann mich kaum drauf verlassen
dass jemand wirklich gutes für mich will

das vertrauen gebrochen
kann kaum zur ruhe kommen
aus angst dass jemand geht

das vertrauen gebrochen
kann kaum kontrolle abgeben
aus angst etwas falsch zu machen

das vertrauen gebrochen
kann kaum fliegen lernen
wenn die flügel wieder und wieder gestutzt wurden

das vertrauen gebrochen
kann mich kaum fallen lassen
wenn ich nie richtig fliegen gelernt habe

loslassen

loslassen
was nicht meins ist
losmachen
von dem was mich zurückhält
losgehen
zu meinen gefühlen

aufhören
für andere mitfühlen zu wollen
aufgeben
verantwortung anderer zu tragen
aufpassen
auf das was meins ist

freilassen
was nicht zu mir gehört
freimachen
von dem gefühl alles alleine tragen zu müssen
frei werden
in meinem fühlen

verabschieden
was ich nicht mehr aushalten kann
verbinden
wo körper und gefühle zusammengehören
verstehen
dass ich nur meine gefühle tragen muss

ver-rückt

ein bisschen ver-rückt
alles verschoben
nicht mehr zusammenpassend
als hätten die puzzleteile die form verändert

ein bisschen ver-rückt
mal in anderes licht gerückt
nicht mehr zusammenpassend
als hätten wir zu lange versucht passend zu machen
was nicht passt

ein bisschen ver-rückt
mal gerade gerückt
nicht mehr zusammenpassend
als hätte es schon lange nicht mehr gepasst

ein bisschen ver-rückt
aus der neuen perspektive
nicht mehr zusammenpassend
und schon lange ver-rückt

ein bisschen ver-rückt
und endlich verstanden
dass es nicht mehr passt
und völlig ver-rückt sein darf

ein bisschen ver-rückt
und dadurch endlich den notwendigen abstand
nicht mehr zusammenpassend
braucht es jetzt eben ver-rücktheit

heilen

heilen tut weh
weil es bedeutet
dass man altes loslassen muss
das einem mal wichtig war

heilen tut weh
weil es bedeutet
dass etwas vorbei ist
von dem man vielleicht gerne gehabt hätte dass es
noch weitergeht

heilen tut weh und doch auch gut
weil es bedeutet
dass man loslassen darf
und es nicht mehr tragen muss

heilen tut weh und doch auch gut
weil es bedeutet
dass da raum für etwas neues ist
und veränderung passieren darf

heilen tut weh und gut
bringt so viel mit und nimmt so viel
nimmt und gibt kraft
und das ist gleichzeitigkeit

Worauf wartest du noch?

Mach die Augen auf.
Was erwartest du zu sehen?
Lass deinen Blick schweifen.
Was kannst du erkennen?
Betrachte alles genau.
Was steckt hinter der makellosen Fassade?
Lass keine Stelle aus.
Wo sind die Schwachstellen?
Suche nach Fehlern.
Was wird hier versteckt?
Achte auf die Einzelheiten.
Was übersiehst du sonst so leicht?

Worauf wartest du noch?

Schau in den Spiegel.
Wen siehst du?
Schau an dir herunter.
Was erkennst du?
Betrachte dich genau.
Wie siehst du dich?
Nimm dir jede Stelle an dir vor.
Wo sind deine Schwachstellen?
Such deine Fehler.
Was versteckst du alles?
Blick dir selbst in die Augen.
Was sagen sie wirklich?

Worauf wartest du noch?

Mach deine Augen auf.

Wer bist du?

Schau dich an.

Erkennst du dich?

Betrachte deinen Körper.

Bist du ihm nicht mehr Respekt schuldig?

Sieh dir deine Narben an, egal ob innen oder außen.

Stehen sie nicht alle für Siege?

Denk über deine Fehler nach.

Sind sie wirklich falsch oder eher besonders?

Schau dir in die Augen.

Kannst du dir verzeihen?

Worauf wartest du noch?

Mauern

Meine Mauer ist meine Hautfarbe,
weil deine Mauer deine Fremdenfeindlichkeit ist.
Deine Mauer bedingt meine,
macht sie erst zu einer Mauer.
Sie trennt uns,
behindert uns beide.
Ich versuche, auf dich zuzugehen,
meine Mauer mit Interesse zu überwinden.
Gib mir eine Chance
und überwinde deine Mauer mit Offenheit.
Lass mich dir zeigen, wer ich bin.
Lass mich dir zeigen, dass ich mehr bin als meine
Hautfarbe.

Meine Mauer ist meine Behinderung,
weil deine Mauer deine Respektlosigkeit ist.
Deine Mauer bedingt meine,
macht sie erst zu einer Mauer.
Sie trennt uns,
behindert uns beide.
Ich versuche, dir zu helfen mit Informationen über
meine Behinderung,
meine Mauer mit viel Geduld zu überwinden.
Gib mir eine Chance
und überwinde deine Mauer mit Achtung.
Lass mich dir zeigen, wer ich bin.
Lass mich dir zeigen, dass ich mehr bin als meine
Behinderung.

Meine Mauer ist mein Geschlecht,
weil deine Mauer dein Sexismus ist.
Deine Mauer bedingt meine,
macht sie erst zu einer Mauer.
Sie trennt uns,
behindert uns beide.
Ich versuche, dir zu zeigen, dass ich nicht weniger wert
bin,
meine Mauer mit Stärke zu überwinden.
Gib mir eine Chance
und überwinde deine Mauer mit Respekt.
Lass mich dir zeigen, wer ich bin.
Lass mich dir zeigen, dass ich mehr bin als mein
Geschlecht.

Meine Mauer ist meine Kultur,
weil deine Mauer deine Voreingenommenheit ist.
Deine Mauer bedingt meine,
macht sie erst zu einer Mauer.
Sie trennt uns,
behindert uns beide.
Ich versuche, deine Kultur kennenzulernen ohne
meine ganz zu verdrängen,
meine Mauer mit Interesse zu überwinden.
Gib mir eine Chance
und überwinde deine Mauer mit Toleranz.
Lass mich dir zeigen, wer ich bin.
Lass mich dir zeigen, dass ich mehr bin als meine
Kultur.

Meine Mauer ist meine Depression,
weil deine Mauer deine Unverständnis ist.
Deine Mauer bedingt meine,
macht sie erst zu einer Mauer.
Sie trennt uns,
behindert uns beide.
Ich versuche, meinen Alltag zu meistern,
meine Mauer mit Aufklärung über meine Krankheit zu
überwinden.
Gib mir eine Chance
und überwinde deine Mauer mit etwas Rücksicht.
Lass mich dir zeigen, wer ich bin.
Lass mich dir zeigen, dass ich mehr bin als meine
Depression.

Meine Mauer ist mein auffälliges Verhalten,
weil deine Mauer deine Ignoranz ist.
Deine Mauer bedingt meine,
macht sie erst zu einer Mauer.
Sie trennt uns,
behindert uns beide.
Ich versuche, es dir nicht zu schwer zu machen (es ist
ja keine Absicht),
meine Mauer mit Bemühungen zu überwinden.
Gib mir eine Chance
und überwinde deine Mauer mit Vertrauen.
Lass mich dir zeigen, wer ich bin.
Lass mich dir zeigen, dass ich mehr bin als mein
auffälliges Verhalten.

Meine Mauer ist meine schwere Krankheit,
weil deine Mauer deine Unsicherheit ist.
Deine Mauer bedingt meine,
macht sie erst zu einer Mauer.
Sie trennt uns,
behindert uns beide.
Ich versuche, geduldig zu sein,
meine Mauer mit Verständnis zu überwinden.
Gib mir eine Chance
und überwinde deine Mauer mit Freundlichkeit.
Lass mich dir zeigen, wer ich bin.
Lass mich dir zeigen, dass ich mehr bin als meine
schwere Krankheit.

Meine Mauer ist meine Sprache,
weil deine Mauer deine Ungeduld ist.
Deine Mauer bedingt meine,
macht sie erst zu einer Mauer.
Sie trennt uns,
behindert uns beide.
Ich versuche, deine Sprache zu lernen,
meine Mauer mit so viel Entgegenkommen zu
überwinden.
Gib mir eine Chance
und überwinde deine Mauer mit Zeit, die du mir gibst.
Lass mich dir zeigen, wer ich bin.
Lass mich dir zeigen, dass ich mehr bin als meine
Sprache.

Meine Mauer ist meine Armut,
weil deine Mauer deine Arroganz ist.
Deine Mauer bedingt meine,
macht sie erst zu einer Mauer.
Sie trennt uns,
behindert uns beide.
Ich versuche, das nicht so ernst zu nehmen,
meine Mauer mit einem Lächeln zu überwinden, weil
ich dir nicht mehr geben kann.
Gib mir eine Chance
und überwinde deine Mauer mit einem freundlichen
Nicken, das wäre schon ein Anfang.
Lass mich dir zeigen, wer ich bin.
Lass mich dir zeigen, dass ich mehr bin als meine
Armut.

Meine Mauer ist meine sexuelle Orientierung,
weil deine Mauer deine Intoleranz ist.
Deine Mauer bedingt meine,
macht sie erst zu einer Mauer.
Sie trennt uns,
behindert uns beide.
Ich versuche, mir deine Kommentare nicht so zu
Herzen zu nehmen,
meine Mauer mit Gutmütigkeit zu überwinden.
Gib mir eine Chance
und überwinde deine Mauer mit Gerechtigkeit.
Lass mich dir zeigen, wer ich bin.
Lass mich dir zeigen, dass ich mehr bin als meine
sexuelle Orientierung.

Meine Mauer ist mein Alter,
weil deine Mauer deine Angst ist, einmal genauso
abhängig zu sein.
Deine Mauer bedingt meine,
macht sie erst zu einer Mauer.
Sie trennt uns,
behindert uns beide.
Ich versuche, dir Arbeit abzunehmen,
meine Mauer mit möglichst viel Selbstständigkeit zu
überwinden.
Gib mir eine Chance
und überwinde deine Mauer mit Wärme.
Lass mich dir zeigen, wer ich bin.
Lass mich dir zeigen, dass ich mehr bin als mein Alter.

Meine Mauer ist meine religiöse Überzeugung,
weil deine Mauer deine Ablehnung ist.
Deine Mauer bedingt meine,
macht sie erst zu einer Mauer.
Sie trennt uns,
behindert uns beide.
Ich versuche, deine Gedanken nachzuvollziehen,
meine Mauer mit Vernunft zu überwinden.
Gib mir eine Chance
und überwinde deine Mauer mit einem offenen
Herzen.
Lass mich dir zeigen, wer ich bin.
Lass mich dir zeigen, dass ich mehr bin als meine
religiöse Überzeugung.

Meine Mauer sind meine eingeschränkten kognitiven
Fähigkeiten,
weil deine Mauer deine Vorurteile sind.
Deine Mauer bedingt meine,
macht sie erst zu einer Mauer.
Sie trennt uns,
behindert uns beide.
Ich versuche, dir zu zeigen, dass ich trotzdem teilhaben
kann,
meine Mauer mit Herzlichkeit zu überwinden.
Gib mir eine Chance
und überwinde deine Mauer mit Aufgeschlossenheit.
Lass mich dir zeigen, wer ich bin.
Lass mich dir zeigen, dass ich mehr bin als meine
kognitiven Fähigkeiten.

Meine Mauer ist mein „niederer" Beruf,
weil deine Mauer deine Verachtung ist.
Deine Mauer bedingt meine,
macht sie erst zu einer Mauer.
Sie trennt uns,
behindert uns beide.
Ich versuche, es zu ignorieren,
meine Mauer mit Nachsicht zu überwinden.
Gib mir eine Chance
und überwinde deine Mauer mit Wertschätzung.
Lass mich dir zeigen, wer ich bin.
Lass mich dir zeigen, dass ich mehr bin als mein Beruf.

Unsere Mauern sind wir selber,
weil wir sie uns gegenseitig in den Weg stellen.
Unsere Mauern bedingen sich gegenseitig,
machen sie erst zu Mauern.
Sie trennen uns,
behindern uns alle.
Wir versuchen oft gar nicht erst,
unsere Mauern zu überwinden.
Nehmen uns gegenseitig die Chance,
neue Erfahrungen zu machen.
Lasst uns ohne Mauern aufeinander zugehen.
Lasst uns einander zeigen, wer wir sind, und dabei die
Mauern vergessen.

Ich sehe was, was du nicht siehst

Lass uns ein Spiel spielen
Ein Spiel, das jeder kennt
Lass uns ein Spiel spielen
Ich sehe was, was du nicht siehst

Ich sehe was, was du nicht siehst,
und das ist grau
Die Straße? - Nein
Der Pfosten der Laterne? - Nein, auch nicht
Die Maus, die um die Ecke huscht? - Nein, ich sag's dir
Es sind die Gedanken,
die wie eine graue Gewitterwolke lauern
Es sind die Gedanken,
die alles überdauern
Es sind die Gedanken,
die ihre ganzen Farben verloren
Es sind die Gedanken,
die sich immer tiefer in das Grau bohren

Ich sehe was, was du nicht siehst,
und das ist nass
Der Fluss da unten? - Nein
Die Pfütze auf dem Feldweg? - Nein, auch nicht
Der Regentropfen, der eben auf deine Wange gefallen
ist? - Nein, ich sag's dir

Es sind die Tränen,
die das Mädchen verzweifelt versucht
zurückzudrängen
Es sind die Tränen,
die sie weint, wenn die Gedanken sie zu sehr einengen
Es sind die Tränen,
die fließen, wenn sie kämpft mit zu vielen Vergleichen
Es sind die Tränen,
für die sie sich schämt, weil man ihr sagte, sie seien für
Schwäche ein Zeichen

Ich sehe was, was du nicht siehst,
und das ist leer
Die Bierflasche, die dort drüben stehen gelassen
wurde? - Nein
Die Mülltonne, die gerade geleert wurde? - Nein, auch
nicht
Eines der Autos, die auf dem Parkplatz stehen? - Nein,
ich sag's dir
Es ist das Gefühl in ihm drin,
das sich wie nichts anfühlt
Es ist das Gefühl in ihm drin,
dass all seine Reaktionen abkühlt
Es ist das Gefühl in ihm drin,
das ihn taub werden lässt
Es ist das Gefühl in ihm drin,
das ihn vollkommen leer zurücklässt

Ich sehe was, was du nicht siehst,
und das ist trüb
Die Fensterscheiben des alten Hauses? - Nein
Die alte Plastikflasche am Boden? - Nein, auch nicht
Das Wasser in dem kleinen Bach, der an uns
vorbeifließt? - Nein, ich sag's dir
Es ist ihr Blick,
der trüb in die Leere geht
Es ist ihr Blick,
der kraftlos auf einer Stelle steht
Es ist ihr Blick,
den sie stets auf den Boden richtet
Es ist ihr Blick,
der von ihren Erfahrungen berichtet

Ich sehe was, was du nicht siehst,
und das ist farblos
Du weißt es nicht?
Du hast keine Idee?
Du meinst, dass doch irgendwie alles eine Farbe hat,
wenn du dich so umschaust?
Es ist sein Blick auf die Welt,
in der auf einmal alles farblos erscheint
Es ist sein Blick auf die Welt,
wenn er stumme Tränen weint
Es ist sein Blick auf die Welt,
die all die Farben verlor
Es ist sein Blick auf die Welt,
der nie mehr sein wird wie zuvor

Es gab sehr viel, das du nicht sahst,
und es war nie im Vordergrund
Seltsam, wie viel man übersehen kann
Seltsam, wie viel man von außen nicht versteht
Seltsam, wie anders etwas nach außen aussehen kann
Es ist,
weil wir oft blind sind
Es ist,
weil wir oft nur erkennen, was direkt vor unseren
Augen ist
Es ist,
weil wir oft nicht hinter die Dinge sehen
Es ist,
weil wir oft nicht in den Gesichtern der Menschen
lesen

Wir könnten das Spiel noch ewig spielen
Das Spiel, das jeder kennt
Wir könnten das Spiel noch ewig spielen
Ich sehe was, was du nicht siehst

Und das ist unsichtbar

wut

die glut ist manchmal da
verbreitet hitze
schwelt vor sich hin

manchmal entzündet sie sich wieder
flammen züngeln hervor
lecken an dem was sie umgibt

die flammen werden größer
wollen mehr haben
breiten sich aus

sie entzünden alles um sich herum
machen die hitze unerträglich
greifen nach allem was in der nähe ist

sie schleudern funken
entzünden damit immer mehr
breiten sich in irrer geschwindigkeit aus

die wut in mir kocht
verbrennt alles
steckt mit den funken alles an

es entsteht energie die raus muss
in zerstörerischem wüten
stößt sie kraftvoll hervor

ich bin taub
muss mich spüren
die zerstörung beginnt in mir

erst wenn ich verbrannt bin
wenn nur die glut übrig ist
bin ich wieder ruhig

dann bin ich wieder ich
denn manchmal muss etwas raus
das viel zu lang zurückgehalten wurde

Liebes Ich

Liebes Ich,
ich weiß, dass manchmal die Zweifel
überhandnehmen,
was dieses Leben von dir will.
Aber du musst dich nicht dafür schämen,
denn jeder braucht es mal still,
um sich neu zu sortieren,
die Richtung zu justieren,
ein bisschen zu manövrieren
und die Hoffnung nicht zu verlieren.
Also hab Mut, die Zweifel zu umarmen,
das Gute darin zu sehen,
und dann, wenn es wieder besser ist, in warmen
Stunden Schritt für Schritt weiterzugehen.

Liebes Ich,
ich weiß, dass die Stunden ohne Sonne dich oft quälen,
dass es so verdammt dunkel sein kann.
Aber du kannst immer die Stunden zählen,
bis die Sonne wieder aufgeht und dann
wird da wieder die Welt auf dich warten
und weckt dich auf unterschiedliche Arten
mit den ersten, noch ganz zarten
Sonnenstrahlen und du mischst die Karten.
Also versuch, die dunkeln Stunden
zu nutzen, um dich zu erholen,
dann hast du die Müdigkeit überwunden,
wenn die Sonnenstrahlen dich einholen.

Liebes Ich,
ich weiß, dass es manchmal schwer ist loszulassen,
vor allem, wenn es einmal wichtig war.
Aber wenn du Angst hast, dadurch etwas zu verpassen,
dann nimm die Ruhe wahr,
die dadurch entsteht.
Fühl, wie es dir besser geht,
wie die Freiheit um dich herumweht,
wie auf einmal, was dir gut tut, im Vordergrund steht.
Also, was nicht bleiben will, lass gehen,
auch wenn es weh tut.
Aber mit der Zeit wirst du sehen,
(und das ist das Wichtigste) es tut dir gut.

Liebes Ich,
ich weiß, wie viel Kraft es braucht,
nach einem Fehler wieder anzufangen.
Aber auch wenn es dich noch so sehr schlaucht,
wirst du dadurch nach vorne gelangen.
Du kannst wieder aufstehen,
kannst wieder weitergehen,
kannst nach vorne sehen,
während neue Ideen entstehen.
Also nimm in Kauf,
dass du vielleicht ganz neu anfangen wirst,
aber rappel dich wieder auf,
wenn du so weit bist.

Liebes Ich,
ich weiß, dass es manchmal nicht einfach ist,
dass wir irgendwie alle mal auf der Stelle stehen.
Und dass es im Winter so dunkel ist,
lässt es dir nicht besser gehen.
Aber du kannst nach vorne schauen,
darfst auf deine Zuversicht vertrauen,
wieder an deiner Zukunft bauen
und dich mal richtig was trauen.
Denn du hast dein Leben in der Hand,
du entscheidest, wo es lang geht.
Manchmal hast du eben das Gefühl, du stehst vor
einer Wand,
aber das ist immer nur, solange man steht.

Worte

Manchmal können Menschen mit ein paar Worten
deine gesamte, liebevoll aufgebaute Welt zum Einsturz
bringen
und merken es nicht einmal.

Manchmal treten sie mit ihren Worten
mitten hinein in die gesamte, liebevoll aufgebaute
Welt
und sehen gar nicht, was sie alles niedertrampeln.

Manchmal machen sie mit ein paar Worten so viel
kaputt
in deiner gesamten, liebevoll aufgebauten Welt
und registrieren nicht, wie verletzt sie dich
zurücklassen.

Manchmal können Menschen mit ein paar Worten
auch deine eingestürzte Welt wieder aufbauen
und liebevoll alles wieder einsammeln.

Manchmal purzeln sie mit ihren Worten
mitten hinein in deine eingestürzte Welt
und richten wieder, was andere kaputt gemacht
haben.

Manchmal machen sie mit ein paar Worten so viel
wieder ganz
in deiner eingestürzten Welt
und wissen gar nicht, wie gut sie dir tun.

Was ich gelernt habe

Leute schließen ihr Kapitel mit dir ab,
obwohl du damit noch nicht fertig warst,
und wenn sie das wirklich wollen,
kannst du ein Kapitel zu zweit nicht allein
weiterschreiben.

Leute gehen andere Wege
als du denkst oder hoffst,
und wenn das ohne dich ist,
dann musst du dir wieder deinen eigenen Weg suchen.

Leute verhalten sich anders
als du es erwarten würdest,
aber das kannst du nicht beeinflussen,
nur wie du darauf reagierst.

Mit anderen Leuten gehst du zusammen
durch die besten und die schwierigsten Zeiten,
aber du kannst dir sicher sein, dass die Person da ist,
auch wenn man „nur" miteinander weint.

Leute treten unerwartet wie ein Lichtstrahl in dein
Leben,
ermöglichen dir Perspektivwechsel und bereichernden
Austausch,
sodass manches auf einmal viel klarer scheint,
wenn es nur erst in Worten zum anderen gelangt.

Die wichtigste Person in deinem Leben
solltest du sein.
Tu das, was dir gut tut,
reagiere so, dass du dir deines Wertes bewusst bist.

Manchmal sollte man einfach den Mut haben, etwas
auszuprobieren,
von dem man nie dachte, dass man es jemals schaffen
würde.
Denn meistens musst du es einfach nur tun
und dann kannst du so verdammt stolz auf dich sein.

Du kannst vor Schmerz nicht davonrennen,
aber manchmal hilft es trotzdem,
mit aller Kraft loszurennen
und den ganzen Mist in den Himmel zu schreien.

Du kannst zurückschauen
und Zeichen suchen für das, was passiert ist,
aber das ändert die Situation nicht mehr
und es ist in Ordnung, dass du sie vorher nicht gesehen
hast.

Wenn Menschen ohne dich weitergehen,
obwohl du dachtest, dass sie noch lange Teil deines
Lebens wären,
dann tut das weh
und es ist völlig okay, wenn du darüber wütend und
traurig bist.

Aber wenn jemand geht,
dann hast du plötzlich auch die Freiheit,
deinen Weg nur für dich zu gehen
und dich ganz neu kennenzulernen und
auszuprobieren.

Es ist schwer, den Menschen, die dich verletzt haben,
das Beste zu wünschen,
aber es zeigt, dass du verdammt stark bist,
und ihnen die Pest an den Hals zu wünschen, bringt ja
auch nichts,
weil du es nicht mehr mitbekommst, wenn sie nicht
mehr Teil deines Lebens sind.

Nur weil man lernt, mit neuen Situationen umzugehen,
heißt das nicht, dass es nicht weiter weh tut,
aber du machst weiter
und suchst für dich einen neuen Weg.

Manchmal mag der neue Weg nicht das sein,
was du dir vorgestellt hast,
aber wenn du frei bist,
kannst du in alle Richtungen ungehindert wachsen.

verstanden

bin durchs wolkengrau gegangen
und habe verstanden
dass die sonne hinter den wolken weiter scheint und
die wolken auch wieder weiter ziehen

bin durchs dunkel gegangen
und habe verstanden
dass die erde sich dreht und die sonne wieder aufgeht

bin durch den regen gelaufen
und habe verstanden
dass nichts befreiender ist als klatschnass im regen zu
tanzen und alles wegregnen zu lassen

bin endlich bei mir angekommen
und habe verstanden
dass sich manchmal ein blick weiter nach vorne lohnt
dass manchmal etwas abwarten wandel bringt
dass manchmal die unkonventionelle lösung am
meisten verändert
dass umdenken die unverhoffte richtungsänderung
bringen kann

Mein buntes Leben

Mein Leben ist bunt,
hat unendlich viele Farben,
wechselt sie mal schnell, mal langsam,
aber bleibt nie gleich.

Mein Leben ist bunt,
aber das bedeutet nicht,
dass mir jede Farbe gefällt.
Aber der Wandel macht es interessant.

Mein Leben ist bunt
und das ist schön, weil ich Abwechslung habe.
So viele Farben,
so viele Möglichkeiten.

Mein Leben ist bunt
und das bedeutet viel Wechsel,
das bedeutet, dass nie etwas gleich bleibt,
dass ich mir manchmal auch nicht sicher sein kann,
was als nächstes kommt.

Mein Leben ist bunt
und das freut mich,
weil es ein bisschen aussieht wie Frühling,
wenn es überall blüht.

Mein Leben ist bunt
und das kann auch anstrengend sein,
wenn der Wechsel zu schnell geht
oder die Farbe gerade nicht passt.

Mein Leben ist bunt,
aber manchmal sind die Farben zu grell
und dann wünsche ich mir für einen Moment etwas
weniger Vielfalt,
um mir eine Pause zu erlauben, ohne das Gefühl zu
haben, dass ich einen Regenbogen verpasse.

Aber mein Leben ist bunt
und nach einer kurzen Pause kann ich mich auch
wieder über die Farben freuen.
Dann bade ich in Gelb, hüpfe durch Lila
und pflücke Bunt.

Woran zweifelt deine Hoffnung?

–

Worauf hofft deine Verzweiflung?

Licht und Schatten

Die Schatten in deinem Leben
sind ein sicheres Zeichen für Licht.
Denn die Schatten entstehen nur da, wo Licht auf
etwas fällt.

Wenn in deinem Leben viele Schatten sind
und alles dunkel scheint,
dann steh auf und schau dich um.

Du wirst Licht finden.

Licht, das dich wieder aus der Dunkelheit führt,
wenn du ihm folgst.

Licht, das dir neue Hoffnung gibt,
wenn du den Schatten den Rücken zuwendest.

Licht, das dir einen neuen Weg zeigt,
wenn du ihm vertraust.

energiesparmodus

nicht mehr bewegen als nötig
nicht mehr denken als nötig
nicht mehr planen als nötig

mehr schlafen als sonst
mehr pausen als sonst
mehr in die luft starren als sonst

ich muss nur noch ein stückchen weiter
ich muss nur noch ein bisschen durchhalten
ich muss nur noch den letzten teil schaffen

nicht mehr fühlen als nötig
nicht mehr kontakt halten als nötig
nicht mehr unternehmen als nötig

ich bin im energiesparmodus
ich nutze die letzten tropfen kraftstoff
ich krieche die letzten meter zur nächsten tankstelle

dann geht es wieder weiter mit mehr energie
dann geht es wieder weiter für die nächste etappe
dann geht es wieder weiter solange die kraft reicht

und trotzdem darf ich pausen machen
und trotzdem darf ich langsamer sein
und trotzdem darf ich mein tempo gehen

denn ich passe auf mich auf
denn ich nutze meine ressourcen
denn ich bin mir etwas wert

schritt.
atmen.
nächster schritt.

Unendlich viele Teile

Zerbrochen
In unendlich viele Teile
Kleine Stücke
Überall verteilt

Zusammengeklebt
Aus unendlich vielen Teilen
Kleberreste dazwischen
Nicht ganz verheilt

Zerbrechlich
In unendlich vielen Teilen
Notdürftig repariert
Aber nicht ganz verheilt

Reparierbar
Aus unendlich vielen Teilen
Wieder zusammensetzbar
Umso stärker jetzt

Ein Feuer

Es brennt hell, schenkt Wärme und Schutz.
Es lodert auf, die Flammen züngeln höher.
Funken sprühen, steigen zum Himmel empor.
Es lebt.

Doch plötzlich beginnt es zu flackern.
Es sprühen keine Funken mehr.
Nur manchmal lodert eine Flamme auf
und fällt wieder in sich zusammen.

Da ist wenig Licht, wenig Wärme, wenig Schutz.

Langsam fällt es ganz in sich zusammen.
Keine Flammen mehr, nur noch ein wenig Glut.
Es schenkt fast kein Licht mehr, keine Wärme, keinen
Schutz.
Das Glühen wird schwächer, das Feuer erlischt.

Es ist dunkel, es ist kalt, es ist schutzlos.

Das Feuer ist aus.
Und doch, ein kleiner Rest Wärme, den das Feuer
hinterlassen hat.
Ein kleines Zeichen auf dem Weg zum Licht, das das
Feuer in unserem Herzen hinterlassen hat.
Und jemand, der aufpasst auf diesem Weg.
Jemand, den das Feuer hinterlassen hat.

Das Feuer lebt.

Mauern im Kopf

Ich lerne,
mich selbst zu lieben,
bringe es mir langsam bei.
Denn manchmal ist es so verdammt schwer,
irgendetwas an mir zu finden,
das liebenswert sein könnte.
Da sind diese Mauern in meinem Kopf,
die mich daran hindern
und manchmal nicht zulassen,
dass ich mich selbst bedingungslos liebe.
Stattdessen sehe ich so viele Dinge,
an denen es etwas auszusetzen gibt.

Ich lerne,
an mich zu glauben,
bringe es mir langsam bei.
Denn manchmal ist es so verdammt schwer,
einen Grund zu finden,
auf meine Fähigkeiten zu vertrauen.
Da sind diese Mauern in meinem Kopf,
die mich daran hindern
und manchmal nicht zulassen,
dass ich ernsthaft an mich glaube.
Stattdessen zweifle ich an so vielem,
das ich so gut schaffen könnte.

Ich lerne,
mich selbst du akzeptieren,
bringe es mir langsam bei.
Denn manchmal ist es so verdammt schwer,
ich selbst zu sein
und auch noch stolz darauf zu sein.
Da sind diese Mauern in meinem Kopf,
die mich daran hindern
und manchmal nicht zulassen,
dass ich mich selbst, genau so wie ich bin, akzeptieren
kann.
Stattdessen denke ich über jeden Makel stundenlang
nach,
bis ich ihn noch schlimmer finde.

Ich lerne,
mir selbst gegenüber Respekt aufzubringen,
bringe es mir langsam bei.
Denn manchmal ist es so verdammt schwer,
meine Stärken anzuerkennen
und mir gegenüber respektvoll zu sein.
Da sind diese Mauern in meinem Kopf,
die mich daran hindern
und manchmal nicht zulassen,
dass ich mich und meine Handlungen respektiere.
Stattdessen mache ich mich schlecht
und meckere an allem herum.

Ich lerne,
mir selbst Zeit zu geben,
bringe es mir langsam bei.
Denn manchmal ist es so verdammt schwer,
mich nicht immer zu stressen,
sondern mir Zeit zu lassen, um etwas ruhig zu Ende zu
bringen.
Da sind diese Mauern in meinem Kopf,
die mich daran hindern
und manchmal nicht zulassen,
dass ich mir selbst die Zeit gebe, die ich eigentlich
brauche.
Stattdessen mache ich mich kaputt,
weil ich meine, alles in kürzester Zeit schaffen zu
müssen.

Ich lerne,
wie das Leben funktioniert,
bringe es mir langsam bei.
Denn manchmal ist es so verdammt schwer,
keine Anleitung zu haben
und einfach drauf los zu leben.
Da sind diese Mauern in meinem Kopf,
die mich daran hindern
und manchmal nicht zulassen,
dass ich auch ohne Anleitung mein Leben leben kann.
Stattdessen suche ich weiter nach einem Sinn
und verrenne mich in wirren Gedanken.

Ich lerne,
diese Mauern zu überwinden,
bringe es mir langsam bei.
Denn manchmal ist es so verdammt schwer,
aufzustehen
und einen Blick über die Mauern zu wagen.
Da sind diese Mauern in meinem Kopf,
die mich daran hindern
und manchmal nicht zulassen,
dass ich weitergehe.
Stattdessen verkrieche ich mich hinter den Mauern
und nutze sie als Ausrede.

Und bis dahin bemühe ich mich,
den Blick zu heben,
über meine Mauern zu schauen.
Denn auch wenn ich sie noch nicht überwinden kann,
kann ich meinen Blick erweitern,
mich schon mal mit dem hinter den Mauern vertraut
machen.
Da sind diese Mauern in meinem Kopf,
die mich gerade vielleicht einschränken,
aber ich muss nicht zulassen,
dass sie mich völlig an etwas hindern.
Stattdessen stehe ich auf
und fange an, meine Mauern zu überwinden.

Dunkle Schwingen

Dunkle Schwingen schwerer Gedanken
Es fehlt die Leichtigkeit zum Fliegen

Einzelne Federn stockender Worte
Schweben hoffnungslos zu Boden

Gebrochene Flügel zweifelnder Unsicherheit
Gefangen in stürzender Leere

Schlaflose Nächte müder Tränen
Von wirbelnder Ruhelosigkeit wachgehalten

Denn wie gelange ich zu den Träumen
Wenn ich nicht mehr fliegen kann?

Immer wieder

Hier ein bisschen
Da ein bisschen mehr
Dort noch ein bisschen
Immer mehr

Hier eine Erinnerung
Da ein Gedanke
Dort ein Gefühl
Zu viel

Hier eine Träne
Da noch eine Träne
Dort noch mehr Tränen
Immer mehr

Hier ein bisschen Erleichterung
Da ein neuer Blick
Dort neue Hoffnung
Immer wieder

Hier ein positiver Gedanke
Da der Mut weiterzumachen
Dort so viel Durchhaltevermögen
Immer wieder

Die Welt ist schneller

Manchmal bin ich ein bisschen zu langsam,
hänge hinterher,
bin müde und kaputt,
brauche eine Pause.

Aber die Welt wartet nicht auf mich,
dreht sich einfach stur weiter,
achtet nicht auf mich.

Ich bleibe zurück,
hänge hinterher,
lasse die Pause ausfallen,
hechle weiter.

Aber die Welt wartet nicht auf mich,
dreht sich einfach stur weiter,
achtet nicht auf mich.

Ich renne,
komme außer Puste,
schleppe mich trotzdem weiter,
versuche, wieder Anschluss zu bekommen.

Aber die Welt wartet nicht auf mich,
dreht sich einfach stur weiter,
achtet nicht auf mich.

Und manchmal halte ich an
und frage mich,
was ich da eigentlich tue,
was ich damit zu erreichen gedenke.

Denn die Welt wird nie auf mich warten,
wird sich stur weiterdrehen,
nicht auf mich achten.

Aber kann ich nicht einfach mein Tempo wählen,
mal schneller, mal langsamer als die Welt?
Vielleicht sind wir einfach nicht für das gleiche Tempo
gemacht
und ich darf mal hinterherhängen, werde aber auch
mal auf sie warten.

Nur die Welt wird nicht auf mich warten,
sich stur weiterdrehen,
nicht auf mich achten.

Und ich gehe mein Tempo,
mache die Pausen, die ich brauche,
werde mich zwischendurch erholen
und dann mit neuer Kraft meinen Weg gehen.
Die Welt wird nicht auf mich warten,
sich stur weiterdrehen,
nicht auf mich achten.

Und ich finde vielleicht mal eine Abkürzung,
bin der Welt dann ein Stück voraus,
aber selbst wenn ich ewig hinterherhänge,
ist es wichtiger, dass ich auf mich achte und mein
Tempo wähle.

ins leben gestürzt

voller begeisterung ins leben gestürzt
immer wieder aufgestanden
wenn es doch mal zu schwungvoll war
oder etwas im weg lag über das ich stolperte

voller begeisterung ins leben gestürzt
von leuten aufgefangen worden
die einfach da waren
wenn ich hingefallen bin

voller begeisterung ins leben gestürzt
und so lange die sicherheit gehabt
dass ich wusste dass immer jemand da ist
und mich nicht fallen lässt

voller begeisterung ins leben gestürzt
und plötzlich verdammt hart gefallen
weil jemand einen schritt zur seite gemacht
und zugesehen hat wie ich am boden landete

voller begeisterung ins leben gestürzt
aber auf einmal misstrauischer unterwegs
immer auf der hut
und darauf bedacht mich selber abfangen zu können

Im Regen stehen

Im Regen stehen.
Die kalten Tropfen dringen durch zu deiner Haut.
Sie fließen sanft streichelnd deine Haare hinunter.

Du schließt die Augen.
Du wendest dein Gesicht dem Himmel zu.
Die Tropfen rinnen vorsichtig über deine Stirn und
Wangen.

Du atmest tief aus.
Mit jedem Tropfen fällt etwas von dir ab, dass du viel
zu lange mitgetragen hast.
Du fühlst, wie es immer leichter wird.

Du lässt los.
Du atmest durch.
Du wirst frei.

Flamme

Die kleine Flamme
flackert,
zittert,
wackelt.

So klein,
so fragil.

Die kleine Flamme
hält stand,
brennt weiter,
bleibt stark.

So klein,
so widerstandsfähig.

Allein

Allein
und die mühevoll aufrecht erhaltene Fassade fällt

Allein
und die Gedanken holen mich wieder ein

Allein
und die Angst kommt mit voller Stärke zurück

Allein
und ich tanze, um dem Ganzen zu entkommen

Allein
und ich flüchte mich in die Musik

Allein
und die Musik und das Tanzen fangen mich auf

Versteckte Tränen

Manchmal ist ein Lächeln
Nur aufgemalt
Hinterlässt den Eindruck, dass alles okay ist

Aber was,
wenn die Farbe nicht wasserfest ist?
Was,
wenn nicht alles okay ist?

Tränen
Vermischen sich mit dem Regen
Sodass sie keiner sieht

Aber was,
wenn der Regen irgendwann aufhört?
Was,
wenn nicht alles okay ist?

Manchmal sind ehrliche Tränen
So viel mutiger
Als ein aufgemaltes Lächeln

Denn was,
wenn du dadurch eine liebevolle Umarmung
bekommst?
Was,
wenn du du dadurch Erleichterung erfährst?

Ehrliche Tränen
Verbinden auf einmal
Weil sie sichtbar sind

Und was,
wenn du dadurch Sichtweisen teilen kannst?
Was,
wenn dadurch Mut geteilt wird?

Lebenstänzerin

In mir lebt eine kleine Tänzerin,
die nur auf das richtige Lied wartet.
Wenn ein Ton mein Herz trifft,
dann fängt es an zu fliegen.
Und wenn meine Seele von einem Lied berührt wird,
dann fängt sie in mir an zu tanzen.
Denn in mir lebt eine kleine Tänzerin,
die nur auf das richtige Lied wartet.

In mir lebt eine kleine Tänzerin,
die nur auf das richtige Lied wartet.
Wenn sie mit der Musik springt,
dann fließt die Lebenslust durch meinen Körper.
Und wenn sie sich um Noten dreht,
dann nehme ich die aufrechte Tanzhaltung an.
Denn in mir lebt eine kleine Tänzerin,
die nur auf das richtige Lied wartet.

In mir lebt eine kleine Tänzerin,
die nur auf das richtige Lied wartet.
Wenn sie voller Kraft und Leichtigkeit durch meinen
Körper wirbelt,
dann spüre auch ich die Lebendigkeit.
Und wenn sie so anmutig der Musik folgt,
dann fühle ich mich stark und schön.
Denn in mir lebt eine kleine Tänzerin,
die nur auf das richtige Lied wartet.

In mir lebt eine kleine Tänzerin,
die nur auf das richtige Lied wartet.
Wenn sie ganz präsent in ihrem Tanz ist,
dann bin auch ich da.
Und wenn sie in mir drin die Musik lebt,
dann tanze auch ich mein Leben.
Denn in mir lebt eine kleine Tänzerin,
die nur auf das richtige Lied wartet.

Wie es ist

es ist
als würde ich stück für stück den knoten in mir
auflösen
als würde ich eine schlaufe nach der anderen
entwirren
als würde ich mich mit einem knoten nach dem
anderen beschäftigen

es ist
als würde ich die immer länger werdenden enden vor
mir auslegen
als würde ich die enden betrachten
als würde ich sehen was schon alles passiert ist

es ist
als würde mir das seil manchmal zwischen den fingern
durchgleiten
als würde es auch einfach ohne vorwarnung reißen
können
als würde es sich jederzeit wieder verknoten können

es ist
als hätte ich manchmal keine kontrolle über das seil
als hätte ich keine anleitung bekommen was ich damit
machen soll
als hätte ich zu lange nichts damit gemacht

aber es ist
meine wahrnehmung
meine wahrheit
mein umgang mit dem knoten

und es ist
mein tempo
mein weg
meine entscheidung

es ist okay

Musikmalerin

Sie atmet durch.
Endlich frei.
Sie setzt die Kopfhörer auf,
macht die Musik an.
Sie schließt die Augen,
lässt zu, dass ihre Gedanken sie wegtragen.
Weit weg von allem, was sie nervt.
Weit weg von allem, was ihr Kraft raubt.

Sie schwingt den Pinsel mit den Noten.
Endlich frei.
Sie verteilt die Farbe,
zieht Notenlinien durch ihr Leben.
Sie lächelt leicht,
lässt zu, dass die Musik sie führt.
Dorthin, wo sie Leichtigkeit spürt.
Dorthin, wo sie sich lebendig fühlt.

Denn mit der Musik träumt sie Farben in ihr Leben,
das manchmal im Alltagsgrau zu versinken scheint.
Mit jeder Note erscheint ein Farbklecks irgendwo,
mit jedem Klang verteilt ein Pinselstrich die Farbe.
Mit jedem Lied wird es ein wenig bunter,
bis alles wieder Farbe bekommen hat.

Sie wippt leicht im Takt.
Endlich frei.
Sie folgt dem Rhythmus,
malt die Taktstriche in ihr Leben.
Sie nimmt sie als Leiter für die hohen Stellen,
lässt zu, dass der Beat sie immer höher trägt.
Hoch hinauf, wo die kleinen Alltagsnervigkeiten nicht
hinkommen.
Hoch hinauf, wo kein Stress sie mehr erreichen kann.

Sie singt den Text mit.
Endlich frei.
Sie malt Zeile für Zeile Leuten Gesichter,
übermalt die Masken, die sie sonst tragen.
Sie zaubert aus den Wörtern neue Farben,
lässt zu, dass die Wörter sie umarmen.
So fest, dass sie zwischen den Alltagswackligkeiten
wieder Halt findet.
So fest, dass es sich anfühlt, als würde sie davon
zusammengehalten.

Denn mit der Musik träumt sie Farben in ihr Leben,
das manchmal im Alltagsgrau zu versinken scheint.
Mit jeder Note erscheint ein Farbklecks irgendwo,
mit jedem Klang verteilt ein Pinselstrich die Farbe.
Mit jedem Lied wird es ein wenig bunter,
bis alles wieder Farbe bekommen hat.

Sie folgt der Melodie.
Endlich frei.
Sie nimmt die Höhen und Tiefen mit dem Pinsel auf,
überträgt sie auf die Leinwand, ihr Leben.
Sie denkt nicht darüber nach, was sie malt,
lässt zu, dass das Lied sie mitreißt.
So schnell, dass sie alles loslassen kann.
So schnell, dass es dabei alle negativen Gedanken aus
ihrem Kopf wirbelt.

Sie beginnt zu tanzen.
Endlich frei.
Sie atmet die Pausen,
füllt sie mit Farbexplosionen.
Sie vergisst alles um sich herum, als sie sich dreht und
springt,
lässt zu, dass die Bewegungen neue Muster malen.
So frei wie ein leeres Blatt Papier, dem alle
Möglichkeiten offen stehen.
So frei wie eine Feder, die – eben erst vom Boden
aufgewirbelt – sanft im Wind gaukelt.

Denn mit der Musik träumt sie Farben in ihr Leben,
das manchmal im Alltagsgrau zu versinken scheint.
Mit jeder Note erscheint ein Farbklecks irgendwo,
mit jedem Klang verteilt ein Pinselstrich die Farbe.
Mit jedem Lied wird es ein wenig bunter,
bis alles wieder Farbe bekommen hat.

Manchmal überwältigt sie der Alltag
mit seiner leeren, grauen Eintönigkeit,
in der alles versinkt.
Keine Abwechslung, keine Farben, keine Muster.
Nur grau in grau in grau,
in dem alles ertrinkt.

Dann braucht sie Musik
mit ihrer lebhaften, wechselnden Buntheit,
um wieder Hoffnung zu finden.
Viel Abwechslung, viele Farben, viele Muster.
Grün neben Rot neben Blau,
die sich in Schlangenlinien um Notenhälse winden.

Manchmal erstickt sie fast
unter den Masken,
hinter denen sich alle verstecken.
Keine Abwechslung, keine Farben, kein Lächeln.
Nur Maske neben Maske neben Maske.
Nichts Neues zu entdecken.

Dann braucht sie Musik,
um den Leuten das Lächeln ins Gesicht zu malen,
das sie hinter den Masken so vermisst.
Viel Abwechslung, viele Farben, viel Lächeln.
Lächeln neben Lachen neben Kichern,
das auf einmal wieder ehrlich ist.

Sie lässt sie sich von der Musik helfen,
alles wieder anzumalen,
weil die ihr die Farben und Muster schenkt.
Mit Abwechslung, mit Farbe, mit Leben
wird alles gefüllt,
weil die Musik ihren Pinselstrich lenkt.

Und wenn alles wieder bunt ist,
alles wieder Farbe bekommen hat,
die Hoffnung ausstrahlt,
gibt es Abwechslung, Farbe, Licht
überall zu entdecken,
alles mit Musik gemalt.

Denn mit der Musik träumt sie Farben in ihr Leben,
das manchmal im Alltagsgrau zu versinken scheint.
Mit jeder Note erscheint ein Farbklecks irgendwo,
mit jedem Klang verteilt ein Pinselstrich die Farbe.
Mit jedem Lied wird es ein wenig bunter,
bis alles wieder Farbe bekommen hat.

Ist es besser geworden?

Vor Kurzem hast du mich gefragt,
ob es besser geworden ist.
Ich war mir nicht ganz sicher,
was ich antworten soll.
Ich habe darüber nachgedacht
und eine Antwort gefunden.

Es ist nicht leichter geworden,
aber ich bin stärker geworden.
Die Schwierigkeiten sind nicht weg,
aber ich habe gelernt, damit umzugehen.
Die Erinnerungen sind nicht schöner geworden,
aber ich kann sie als Erfahrung akzeptieren.

Die Angst ist nicht kleiner geworden,
aber ich bin mit ihr gewachsen.
Die Gedanken kreisen manchmal immer noch,
aber ich habe Wege gefunden, mich davon zu
distanzieren.
Die Gefühle überrollen mich manchmal noch,
aber ich lerne langsam, sie zu verarbeiten.

Du hast mich gefragt,
ob es besser geworden ist.
Ich war mir nicht ganz sicher,
was ich antworten soll.
Jetzt weiß ich, dass es besser geworden ist,
weil ich lerne, damit umzugehen.

ich darf

in meinem kopf drehen sich die gedanken viel zu
schnell
und mir wird schwindelig davon
immer wieder kopfzerbrechen
und das hämmert noch lange nach
manchmal ist alles vernebelt
und ich blicke nicht mehr durch
so viel leeres gerede
und meine ohren pfeifen
manchmal so viel druck
und ich beiße die zähne zusammen
so viel gewicht auf meinen schultern
und ich trage es irgendwie
meistens kein rückenwind
und ich versuche irgendwie stehen zu bleiben
so viel schwer verdauliche kost
und ich bekomme bauchschmerzen davon

und ich versuche
trotz schwindel halt zu finden
trotz kopfschmerzen klar zu denken
trotz nebel vor den augen durchzublicken
trotz ohrenpfeifen den rufen zu folgen
trotz kieferschmerzen mich durchzubeißen
trotz nackenverspannungen haltung zu bewahren
trotz rückenschmerzen stabil stehen zu bleiben
trotz bauchschmerzen auf mein bauchgefühl zu hören

und vielleicht ist es nur eine frage der zeit
bis ich den halt verliere
bis ich nicht mehr klar denken kann
bis ich nicht mehr durchblicke
bis ich die rufe überhöre
bis ich mich nicht mehr durchbeißen kann
bis ich die haltung nicht mehr bewahren kann
bis ich zusammenbreche
bis ich meinem bauchgefühl nicht mehr vertraue

aber
ich finde andere sachen die mir halt geben
ich versuche schrittweise und nicht zu weit voraus zu
denken
ich verschaffe mir wie mit einer taschenlampe im
dunkeln raum stück für stück mehr durchblick
ich höre schöne sachen um damit das pfeifen
einzubetten
ich nehme kleine bissen und lasse mir zeit
ich lasse mich manchmal fallen und fange die
bewegung im tanz auf
ich stabilisiere mich mit positiven gedanken und
dingen die mir gut tun
ich gebe meinem bauchgefühl raum und höre zu
ich spüre in mich hinein und setze mich stück für stück
wieder zusammen

und ich darf
mir zeit lassen
mir zeit für mich nehmen

ich darf
mich wieder zusammensetzen
mich heilen

ich darf
grenzen setzen
grenzen verteidigen

ich darf
für mich einstehen
für mich sein

Hoffnungspflücken

auf den Boden schauen
durch das Gras streichen
an den Blumen riechen
ein Stück Hoffnung pflücken

nach oben zur Baumkrone schauen
sich an den starken Stamm lehnen
nach einem Apfel greifen
ein Stück Hoffnung pflücken

nach oben in den Himmel schauen
die Wolken sanft anstupsen
sich nach den Sternen ausstrecken
ein Stück Hoffnung pflücken

sonnenstrahlensuche

auf sonnenstrahlensuche
zwischen den grauen wolkenmauern
die sich manchmal auftürmen

auf sonnenstrahlensuche
in nebelschwadenwänden
die manchmal undurchdringlich wirken

auf sonnenstrahlensuche
an trüben traumlostagen
wenn alles etwas farblos erscheint

auf sonnenstrahlensuche
wenn wolkenmauern nicht weichen wollen
und kein licht durchdringen lassen

auf sonnenstrahlensuche
wenn die nebelschwadenwände immer näher rücken
und die kälte in den nacken kriecht

auf sonnenstrahlensuche
wenn die traumlostage häufiger werden
und alles nur noch grau erscheint

auf sonnenstrahlensuche
um wieder licht zu haben
das ein wenig hoffnung strahlen lässt

auf sonnenstrahlensuche
um wieder wärme zu spüren
die geborgenheit mitbringt

auf sonnenstrahlensuche
um wieder farben zu sehen
die die träume aufleben lässt

**Manchmal ist ganz still
immer noch zu laut**

Sternenüberwältigt

Sternenüberwältigt in die Unendlichkeit staunen
Sehnsuchtsfolgend in die Weite denken
Dunkelheitsträumend die Zeit anhalten
Sternschnuppenfallend die Welt vergessen

Kein Wort

Kein Wort, seit du zurückgekommen bist.
Kein Lebenszeichen, seit du wieder zuhause bist.
Keine Nachricht, seit ich dir den nächsten Spielzug
überlassen habe.

Kein Wort, obwohl du wieder so nah bist.
Kein Lebenszeichen, obwohl es irgendwie angebracht
wäre.
Keine Nachricht, obwohl du dich doch wieder melden
wolltest.

Kein Wort von dir und leider viel zu viele Tränen von
mir.
Kein Lebenszeichen von dir und leider viel zu viele
Gedanken von mir.
Keine Nachricht von dir und leider viel zu viele
Hoffnungen von mir.

Kein Wort von dir und langsam ist es mir egal.
Kein Lebenszeichen von dir und langsam wird die
Enttäuschung zu Wut.
Keine Nachricht von dir und langsam weicht die Wut
nur noch Leere.

Kein Wort.
Kein Lebenszeichen.
Keine Nachricht.

Kein Wort.
Nur Stille.
So laute Stille.

In die Stille hören

In die Stille hören
In dich hineinhören
Auf dich hören
Aufhören, auf andere zu hören
Dir den ganzen Mist mal nicht anhören
Nur dir selber zuhören
Sehr genau hinhören
Mal ganz zu dir gehören
Versuchen, nichts zu überhören
Nicht weghören
In die Stille hören

schwerelos

schwerelos
schweben sie durchs Wasser

friedlich
folgen sie der Strömung

langsam
lassen sie sich treiben

gleitend
getragen von den Wellen

durch die wand

ich höre die stimmen durch die wand
eine aggressiv
die andere verzweifelt weinend

ich spüre die spannung durch die wand
die wohnung scheint zu klein dafür
droht gleich zu platzen

ich höre wie etwas an der wand zerbricht
dagegengeschleudert in rasender wut
die liebe zerbrochen in tausend scherben

ich spüre zwei kinderherzen zerbrechen
voller angst hinter geschlossenen türen
voller unwissen mit involviert

Still sein

Einen Tag still sein
Keine Nachrichten hören oder lesen
Keine Termine haben
Keine Verpflichtungen

Einen Tag still sein
Sich um sich selbst kümmern
Sich etwas Gutes tun
Sich selbst bewusst werden

Einen Tag still sein
die Gedanken fliegen lassen
die Ängste frei lassen
die Sorgen vorbeiziehen lassen

Einen Tag still sein
die Augen schließen
die Hände ruhig halten
die Ohren für die Stille öffnen

Einen Tag still sein
durchatmen
ankommen
still werden

weg sind die wörter
– ein Text aus der vorgestellten Sicht eines Menschen
mit Aphasie

in meinem kopf gab es einen sturm
der getobt hat
in meinem kopf gab es einen sturm
der alle wörter verweht hat
in meinem kopf gab es einen sturm
der mich sprachlos macht

in meinem kopf gab es einen sturm
und sie haben es mir erklärt
in meinem kopf gab es einen sturm
und ich habe es nicht verstanden
in meinem kopf gab es einen sturm
und ich erkenne die wörter nicht mehr

weg sind die wörter
auf einmal bedeutungslos geworden
leere phrasen ohne sinn
mal gekannt und mal gewusst was sie bedeuten
aber nichts davon ist übrig
wenn jetzt alles ineinander verschwimmt

gefangen in meinem Kopf
in dem ich weiß was ich sagen will
leere phrasen ohne sinn
sind das was dabei herauskommt
aber für mich hört es sich so an
wie das was ich sagen wollte

erst wenn du so komisch schaust
wird mir klar
dass das was aus mir herauskam
wohl nicht das war was ich sagen wollte
aber ich weiß auch nicht
was falsch war

weg sind die wörter
auf einmal so fremd geworden
leere phrasen ohne sinn
so kommt es mir vor wenn du mit mir redest
aber ich kannte diese sprache mal
ahne dass ich die wörter verstehen sollte

gefangen in meinem kopf
in dem die wörter sich vor mir verstecken
leere phrasen ohne sinn
sind alles was übrig geblieben ist
aber ich weiß dass da mal mehr war
weil zwischendurch ein einzelnes wort wieder
auftaucht

und wenn ein wort wieder auftaucht
wird mir klar
wie viele wörter mir immer noch fehlen
und dass ich vielleicht nie wieder alle finde
weil mir irgendwie immer nur die gleichen paar wörter
in den sinn kommen
auch wenn ich etwas ganz anderes sagen will

weg sind die wörter
auf einmal vermischt worden
leere phrasen ohne sinn
durcheinandergewürfelt in ihren bedeutungen
aber was du sagst
kommt mir manchmal bekannt vor

gefangen in meinem kopf
in dem ein sturm gewütet hat
leere phrasen ohne sinn
wirbeln manchmal aus mir heraus
aber es ist nicht das
was ich sagen wollte

und wenn du mich dann verwirrt anschaust
wird mir klar
dass ich wieder etwas ganz anderes gesagt habe
und vielleicht nicht einmal richtige wörter
aber wenn ich mich verbessern will
kommt nur immer wieder das gleiche heraus

weg sind die wörter
auf einmal auch beim lesen nur noch striche und
bögen
leere phrasen ohne sinn
wenn ich die buchstaben doch erkennen kann
aber selbst dann werden es beim vorlesen ganz andere
wörter
als die die auf dem papier standen

gefangen in meinem kopf
in dem buchstaben oft nur noch kryptische zeichen
sind
leere phrasen ohne sinn
sind das ergebnis wenn ich versuche zu schreiben
aber in meinem kopf waren das genau die buchstaben
die das wort ergeben sollten

und wenn du dann versuchst mein geschriebenes zu
entziffern
wird mir klar
dass das wohl nicht das geworden ist
was ich schreiben wollte
aber ich finde auch keine anderen buchstaben
denn die verschwimmen ebenso wie die wörter

ich verstehe nicht
was mit mir passiert
wo meine wörter sind
warum ich nicht mehr sagen kann was ich sagen will
ich verstehe nicht
was los ist
wie ich etwas mitteilen soll wenn immer etwas
anderes herauskommt
warum ich nichts mehr verstehe

ich weiß nicht
ob du weißt was mit mir passiert
ob du weißt dass meine wörter weg sind
ob du weißt dass ich meist etwas anderes meine als ich
sage

ich weiß nicht
ob du weißt was mit mir los ist
ob du weißt was ich eigentlich sagen will
ob du weißt dass ich dich meist nicht verstehe

ich versuche
zu verstehen was mir mir passiert
meine wörter wiederzufinden
wirklich das zu sagen was ich sagen will
ich versuche
zu verstehen was los ist
mich verständlich zu machen
dich zu verstehen

aber du redest auf mich ein
zu viel und zu lang
ich verstehe dich nicht
du schaust mich an
abwartend und auffordernd
ich habe nichts verstanden

du redest wieder
zu schnell und zu kompliziert
ich verstehe dich nicht
du hebst die hände
fragend und ungeduldig
ich nicke obwohl ich nichts verstanden habe

du schaust mich an
irritiert und verwirrt
ich habe wohl falsch geantwortet
du winkst ab
resigniert und befremdet
ich schäme mich so

aber meine wörter sind weg
und ich kann sie nicht mehr finden
meine wörter sind weg
und alles was du sagst klingt wie eine fremdsprache
die ich kennen sollte
aber meine wörter sind weg
und ich erkenne nur noch den klang der sprache

meine wörter sind weg
und ich muss sie mühsam einzeln wieder
zusammensammeln
meine wörter sind weg
und verstecken sich immer wieder vor mir auch wenn
ich sie einmal wieder gefunden habe
meine wörter sind weg
und ich weiß noch nicht wer ich ohne meine wörter
bin

Stille

Stille kann leise sein
Bietet Raum
Gibt nichts vor
Stellt keine Fragen

Stille kann laut sein
Schreit mich an
Ist voller drängender Gedanken
Bewirft mich mit Fragen

Stille kann quälend still sein
Schweigt mich beharrlich an
Lässt mich alleine
Gibt keine Antworten

Schweig, Welt

Schweig, Welt,
unter deiner weißen Decke,
die alle Geräusche dämpft,
manche ganz verschluckt.

Bleib stehen, Welt,
unter deiner weißen Decke,
die alle Bewegungen erschwert,
manche ganz ausbremst.

Versteck dich, Welt,
unter deiner weißen Decke,
die alles Schöne verdeckt,
manches Hässliche ganz verbirgt.

Leugne alles, Welt,
unter deiner weißen Decke,
die so harmlos wirkt,
manches Glatteis heimtückisch verbirgt.

Seelenfriedenort

An diesem Ort
Bei mir
Bei diesem Weltbewegendem
Ankommen

Seelenfrieden
Mich
Dieses Weltbewegende
Finden

Seelenfriedlich
Ich
Weltbewegt
Sein

klangflucht

ich fliehe
wenn es zu viel ist
in klangwelten

ich lasse mich
wenn ich den halt verliere
von der musik mitreißen

ich genieße
wenn ich mitgerissen werde
den freien fall

ich weiß
wenn ich falle
dass mich die klänge auffangen

ich spüre
wenn ich mich in die klänge fallen lasse
dass ich stumm verstanden werde

ich vertraue
wenn ich nicht reden kann
dass die musik es für mich tut

ich lasse los
wenn die musik für mich spricht
und darf einfach sein

ich bin sicher
wenn ich einfach bin
dass ich nicht alleine bin

Weltenzauber

Nebel tanzt in sanften Schwaden über das Wasser
Raureif zieht sich friedlich über die Wiesen
Bäume träumen vorfreudig von Sommergeräuschen
Blätter gestalten flatternd eine Matte

Äste basteln feste Muster
Sonnenstrahlen malen lange Schatten auf das Land
Lichtflecken kleckern kecke Ecken auf die Blätterdecke
Herbstzauber taucht Laub lautlos in Traumaugenblicke

Purzelreisen

Purzelreisen ins Zwischendrin
Was steckt zwischen Tür und Angel?
Was sind das für Welten, die manchmal zwischen zwei
Sachen liegen?
Was passiert zwischen zwei Tagen?
Was ist der Unterschied zwischen Menschen?
Lass dich hineinfallen ins Zwischendrin.
Sei mal dazwischen und nirgends ganz.
Nutze die Purzelreisen, die dir eine Sicht auf alle Seiten
ermöglichen.

mit wörtern tanzen

ich will mit buchstaben fliegen
frei schweben in schachtelsätzen
leichtigkeit ohne zweifel genießen

ich will mit wörtern tanzen
damit musik malen in die nacht
eine magische choreografie der träume

ich will mit geschichten netze weben
mich mit ihnen fallen lassen in die realität
immer sicher aufgefangen zu werden

Autorin

Hannah Stockhammer (*1998) schreibt seit 2013 regelmäßig Texte, die sie seit 2019 auch bei Poetry Slams präsentiert und 2020 in ihrem ersten Buch „I see poetry" veröffentlicht hat.
Neben den Wörterzaubereien zählen Lebenstanzen, Musikatmen, Hoffnungsmalen und Perspektivenwechsel zu ihren Lieblingsbeschäftigungen. Ihre Leidenschaft für Sprache spiegelt sich auch in ihrem Beruf der Logopädin wider, den sie in der Nähe ihrer Wahlheimat Wasserburg am Inn ausübt.

„I see poetry"
von Hannah Stockhammer

Gedichte und Texte
über mich, über dich,
über das Leben,
über uns und über IHN

Erhältlich als Taschenbuch oder eBook
über Books on Demand, den Buchhändler des
Vertrauens, jeden Onlinebuchhandel oder Amazon.

ISBN: 978-3-7504-8704-8

Weitere Infos zu Hannah Stockhammer (Autorin) und ihren Texten gibt es auch hier:

Website: www.wunderlauschen.home.blog
Instagram: @wunderlauschen
Facebook: @wunderlauschen

Weitere Infos zu Michèle Greiner (Umschlagillustration/Kalligraphie) gibt es hier:

Website: www.schriftspur.de
Instagram: @schriftspur
Facebook: @schriftspur